新时代社区治理的
实践密码

主　编　闫西安
副主编　都业明　常　茳

中央党校出版集团
国家行政学院出版社
NATIONAL ACADEMY OF GOVERNANCE PRESS

图书在版编目（CIP）数据

干而论道：新时代社区治理的实践密码 / 闫西安主编；都业明，常茌副主编. -- 北京：国家行政学院出版社，2024.12. -- ISBN 978-7-5150-3006-7

Ⅰ. D669.3

中国国家版本馆CIP数据核字第20240YK322号

书　　名	干而论道：新时代社区治理的实践密码
	GANERLUNDAO：XINSHIDAI SHEQU ZHILI DE SHIJIAN MIMA
作　　者	闫西安　主编
	都业明　常　茌　副主编
责任编辑	陈　科　陆　夏
责任校对	许海利
责任印制	吴　霞
出版发行	国家行政学院出版社
	（北京市海淀区长春桥路6号　100089）
综合办	（010）68928887
发行部	（010）68928866
经　　销	新华书店
印　　刷	中煤（北京）印务有限公司
版　　次	2024年12月北京第1版
印　　次	2024年12月北京第1次印刷
开　　本	170毫米×240毫米　16开
印　　张	15.75
字　　数	207千字
定　　价	56.00元

本书如有印装质量问题，可随时调换，联系电话：（010）68929022

编委会

主　任：闫西安
编　委：都业明　常　茝　周　佳　李春雷

编写组

主　编：闫西安
副主编：都业明　常　茝
成　员：李珮瑶　刘清玉　张　帆　王　惠　王慧姝
　　　　徐春丽　张　欣

序

党的十八大以来,在国家治理体系构建的问题上,我国迅速完成了由社会管理向社会治理的转换。党的十八届三中全会明确提出"创新社会治理体制、改进社会治理方式",完成了从"社会管理"到"社会治理"的转型升级。党的十九大提出加强社区治理体系建设,推动社会治理重心向基层下移,发挥社会组织作用,实现政府治理和社会调节、居民自治良性互动。到党的十九届四中全会,更是对治理理论的精髓进行了全面系统的概括:"必须加强和创新社会治理,完善党委领导、政府负责、民主协商、社会协同、公众参与、法治保障、科技支撑的社会治理体系,建设人人有责、人人尽责、人人享有的社会治理共同体。"党的二十大报告指出,"完善社会治理体系。健全共建共治共享的社会治理制度,提升社会治理效能""建设人人有责、人人尽责、人人享有的社会治理共同体"。可见,党的社会治理理论为社区治理体系构建和社区治理效能提升提供了最为有力的理论支撑。

作为习近平新时代中国特色社会主义思想的重要组成部分,基层社会治理体系和治理能力现代化理论占据极其重要的地位。党的十八大以来,习近平总书记多次亲临社区视察,给正在展开的社区治理实践创新作最为直接且全面的指导。如2020年7月23日,习近平总书记在长春考察调研期间,先后来到宽城区团山街道长山花园社区和吉林长春社区干部学院,了解基层社会治理情况。习近平总书记强调,推进国家治理体系和治理能力现代化,社区治理只能加强、不能削弱。要加强党的领导,推动党组织向最基层延伸。并对长春社区干部学院"干而论道"的办院方针给予肯定,他强调指出:"这样的培训方式是对路的,就是要坚持'干而论道',从实践中来、到实践中去。"的确,近年来在基层社会治理领域中涌现出越来越多的典型模范社区和富有创新性的治理模式,以其鲜活的社区治理实践经验诠释了基层社会治理的真谛,值得加以认真总结探讨。正是基于上述思考,《干而论道——新时代社区治理的实践密码》一书,选择了习近平总书记近年来视察过的29个社区作为最基本的研究单元,试图以此展现新时代中国基层社会治理的壮观图景。通读该书,笔者认为该书具有以下几个重要的特点:

第一,视角独特,选题新颖。通过对党的十八大以来习近平总书记视察过的社区治理的经典案例研究,揭示新时代中国基层社会治理最为精彩的篇章和画卷,具有非常突出的创新性。因此,该书的研究内容,既选择了全国各地最富创新特色的社区治理模式和经验,又巧妙地将习近平总书记视察该社区时发表的重要指示和讲话与所在社区治理的创新经验和进一步发展结合起来。如该书在研究阐释福建省福州市鼓楼区东街街道军门社区典型案例时,重点介绍了习近平总书记于1991年、1995年和2014年三次莅临福建省福州市东街街道鼓楼区军门社区视察时的重要指示和讲话,特别围绕着2014年习近平总书记视察军门社区时提出的"三个如何"重要指示展开分析。同时对军门社区深入践行"三个如何"重要指示精神,在实践中探索推行"13335"军门社区工作法,有力推进社区治理和服务创新的经验进行了深刻的阐释。

第二,社区治理典型案例集中体现出党建引领背景下极强的"社会治理禀赋"。作为社区基层治理的经典案例,本书所遴选出来的29个社区的治理经验和模式,集中体现出极强的"治理禀赋"。其中有的案例强调居民参与社会治理,如上海市长宁区虹桥街道古北市民中心,作为"全过程人民民主"重大理念的发轫地,把居民的意见呼声融入社区的治理建设中,共同协商、凝聚共识,已成为街道工作人员解决民生问题的出发点。可以看到公共政策、公共服务的盲点、堵点、痛点，把"诉求"变"建议"，把"你和我"变"我们"，把"被动"变"主动"，让全过程人民民主体现到城市建设和社会治理的各方面。有的则是循着问题取向，直面社区治理中所面临的养老、环境等具体问题积极施策，解决问题。如贵州省贵阳市观山湖区金阳街道金元社区强化为民、便民、安民功能，提升居民获得感、幸福感、安全感，体现了社区为民服务的本质，抓住了社区工作的实质。聚焦民生所盼，筑牢"党建网""民生网""平安网"三张网，不断满足人民对美好生活向往的需求。河北省承德市高新区滨河社区居家养老服务中心典型案例，面向老年人的切实需求，构建了智能化服务平台，让服务更加便捷和现代化。

第三，分析点评的精当性和客观性。在规范的社会科学研究中，案例研究的价值并不仅仅局限于案例的介绍和陈述，还在于对案例产生的社会背景展开分析，并在此基础上对案例价值实施科学评价。在研究介绍29个社区治理经典案例的过程中，该书还特别注重案例的分析评价，揭示其创新性所在，使读者通过阅读，可以获得对社区治理案例深层次的理解。如该书在分析参与性治理的作用及评价时，指出社会是一个生命体，自身具有活力，但是由于高度城市化以及居住空间的隔离、市场化服务的丰富，导致社会呈现"原子化"态势。所谓"社会原子化"，主要是指由于人类社会最重要的社会联结机制——中间组织（intermediate group）的解体或缺失而产生的个体孤独、无序互动状态和道德解组、人际疏离、社会失范的社会危机，它使社会处于一种松散化和碎片化的状态。"参与"实质上是基层社会活力的释放与激活。如何重新激发群众的社会活力？活动取向是一种重要的手段。让群众通过活动建立起一些互动关系、固定联系，使得社会活力得以修复和激活。

《干而论道——新时代社区治理的实践密码》选择了一个极具特色的研究视角，试图以习近平总书记视察社区的足迹为考察主线，对29个社区典型的治理案例研究，揭示新时代基层社会治理的精彩画卷。虽然由于时间和其他条件的限制，本书的编写者未能深入全部案例社区展开实地研究，但通过案例研究和文献研究仍然能够体悟到案例社区治理经验的发生机制及经验特色，给基层治理研究者和实践者以重要启示。在此意义上，最后我想给本书提一个进一步深化研究的建议，即在未来的时间里，可以组织项目组成员，围绕着案例社区展开实地研究，在占据大量文献资料和实证资料的基础上，撰写出与本书交相辉映的姊妹篇，以为当下战斗在基层社会治理第一线的社区治理工作者提供有益的借鉴。

2024年7月12日于吉林大学东荣大厦

目 录
CONTENTS

1. "虚拟养老院"：智慧养老托起幸福晚年　/001
   甘肃省兰州市城关区

2. "民情流水线"连起党群心　/009
   甘肃省兰州市七里河区西湖街道

3. "两邻"打造幸福家园　/017
   沈阳市沈河区大南街道多福社区

4. 坚持党建引领　打造"关爱型社区"　/025
   内蒙古自治区锡林浩特市楚古兰街道爱民社区

5. 幸福社区的治理样本　/033
   福建省福州市鼓楼区东街街道军门社区

6. "老年友好"托起稳稳的幸福　/039
   陕西省西安市雁塔区电子城街道二〇五所社区

7. 美丽乡村打造美丽经济　走出居民绿色共富路　/047
   浙江省舟山市定海区干览镇新建社区

8. 党员"一点红"汇成社区"党旗红"　/057
   河北省唐山市路北区机场路街道祥富里社区

9. 三治一服：党建引领工业棚户社区治理创新　/065
   湖北省武汉市青和居社区

10. "软硬"结合　社区智慧终端惠民生　/073
    山东省青岛市李沧区上流佳苑社区

- ⑪ 沉陷搬迁小区的民生福祉新高度　/081
  辽宁省抚顺市东华园社区

- ⑫ "小社区"连接"大治理"　/089
  广东省深圳市龙华区民治街道北站社区

- ⑬ "垂直社区"向上力量激活基层治理"神经末梢"　/097
  上海市浦东新区陆家嘴上海中心大厦

- ⑭ 社区志愿者组织发祥地谱写时代新篇　/105
  天津市和平区新兴街朝阳里社区

- ⑮ "小院议事厅"："小议事"话出"大天地"　/113
  北京前门草厂四条44号院

- ⑯ "三个强化"共绘民族团结同心圆　/123
  内蒙古自治区赤峰市松山区兴安街道临潢家园社区

- ⑰ 民意"彩虹桥"架起民主"直通车"　/131
  上海市长宁区虹桥街道古北市民中心

- ⑱ 用心用情为群众服务　/139
  湖北省武汉市东湖新城社区

- ⑲ "乐业安居"让搬迁安置群众重拾家的感觉　/145
  陕西省安康市平利县老县镇锦屏社区

- ⑳ "兰花芬芳"温暖居民内心　/153
  宁夏回族自治区吴忠市利通区金花园社区

- ㉑ 党建引领六治融合　共建幸福家园　/161
  长春市宽城区长山花园社区

- ㉒ 以"三民"举措提升居民"三感"　/171
  贵州省贵阳市观山湖区金阳街道金元社区

目　录

㉓ "石榴籽家园"谱写民族融合新篇章　/179
　　青海省西宁市城西区文汇路街道文亭巷社区

㉔ 为社区老人谋幸福美满晚年　/187
　　河北省承德市高新区滨河社区居家养老服务中心

㉕ 探索乡村振兴新路　实现搬迁群众"安居梦"　/195
　　山东省东营市垦利区董集镇杨庙社区

㉖ 党建引领，协同治理　/203
　　湖北省武汉市东湖高新区左岭街道智苑社区

㉗ 同心同行　共筑和谐家园　/211
　　乌鲁木齐市天山区固原巷社区

㉘ 适老宜幼　老旧小区焕新生　/219
　　辽宁省沈阳市皇姑区三台子街道牡丹社区

㉙ 创新践行"136"工作机制　铸牢中华民族共同体意识　/227
　　广西壮族自治区南宁市良庆区蟠龙社区党群服务中心

后记　/235

01 "虚拟养老院"：智慧养老托起幸福晚年

甘肃省兰州市城关区

2010年第六次全国人口普查数据显示，兰州市65岁及以上老年人口占全市总人口的比例已达8.77%，标志着兰州市已进入老龄化社会。对于经济发展水平不高的兰州来说，未富先老让养老问题日趋严重，传统的养老方式面临各种挑战：机构养老投入过大，社区养老服务尚不健全，家庭养老受到"421"家庭结构的严峻挑战。为了破解这一难题，兰州市城关区对苏州市沧浪区虚拟养老模式进行考察与学习，率先在西北开始以虚拟养老模式作为社区居家养老方式的探索和实践，在兰州乃至全国引起了普遍的关注。

兰州市城关区"虚拟养老院"建立于2009年12月，是城关区委、区政府建设的一座"没有围墙的养老院"：由政府主导、企业加盟、市场运作、社会参与的虚拟养老院。通过一部热线、一个指挥平台、一批加盟企业，满足了辖区老人足不出户，便可在家享受到专业化、标准化养老服务的夙愿。

2013年春节前夕，习近平总书记来到兰州市城关区"虚拟养老院"的养老餐厅考察，他不仅亲手给老人端上了热气腾腾的饭菜，还鼓励大家说："我看这个虚拟养老餐厅一点都不虚，有这么多老人。"习近平总书记对"虚拟养老院"的肯定和鼓励，也激励着"虚拟养老院"的模式持续创新，帮助更多老年人安享晚年。

一 基本做法

兰州市城关区"虚拟养老院"以网络通信平台和服务系统为支撑，采用政府引导、企业运作、专业服务人员服务和社会志愿者、义工服务以及社区服务相结合的方式，实现老年人各类需求的快速响应、专业服务和过程监督。

（一）"家政+虚拟养老"新模式

城关区"虚拟养老院"将家政服务多样化、专业化的优势与"虚拟养老院"的社区实践进行了有机结合，创新了集调度指挥中心、质量管理中心、医养融合中心、教育培训中心、文化服务中心、志愿服务中心、老年产品展示厅"一厅六中心"于一体的运营新机制，建立了"一部热线电话、一个指挥平台、一批加盟家政企业、一套管理机制"的服务流程。"虚拟养老院"下设老人接待中心、呼叫指挥中心、加盟企业管理中心和咨询投诉中心，社区老人只需要拨打965885热线电话告知需求，平台即可匹配专业家政服务机构派单给相应的专业人员提供上门服务，通过虚拟养老信息服务管理平台实现老人和服务企业之间的信息交互。可为全区老人提供生活照料、医疗卫生、保健康复、心理慰藉、法律咨询、家政便民、娱乐学习、日常陪护、临终关怀和饮食服务十大类230余项服务。

"虚拟养老院"根据老年人的实际情况采取分类补贴式服务。对特困及低保老人，经城关区虚拟养老院审批，可纳入A类老人服务范围；重点优抚对象，90岁以上高龄老人，市级以上劳模，"三八红旗手"、"见义勇为"称号获得者，担任两届以上（含两届）的离退休的省市人大代表、政协委员，经城关区虚拟养老院审批，可纳入B类老人服务范围；普通老人为C

类服务对象。(见表1)

表1 "虚拟养老院"服务方式与补贴标准

类别		分类标准	补贴标准
A类	A1	生活不能自理的"三无"、城市困难"空巢"和农村"五保户"老人	522元/月
	A2	生活半自理的"三无"、城市困难"空巢"和农村"五保户"老人	324元/月
	A3	生活能自理的"三无"、城市困难"空巢"和农村"五保户"老人	84元/月
	A4	重病、重残和其他特殊情况的城市"三无"和农村"五保户"老人	1680元/月
B类		90岁以上、市级以上劳模、"三八红旗手"、正高级以上职称老专家等	50元/月
C类		购买服务的普通老人	80%市场价

"虚拟养老院"作为政府的相关职能部门，直接接受政府的领导和管理，政府每年通过下放具体指标（如加入城关区"虚拟养老院"人数、长期接受服务老年人人数、新建养老餐厅数、新建"虚拟养老院"医疗站数等）对"虚拟养老院"提出服务要求，"虚拟养老院"以政府的指标为要求推动养老院的发展，政府通过各种指标的实际完成情况对"虚拟养老院"进行考核。加盟企业是"虚拟养老院"的重要组成部分，是虚拟养老服务的提供者，"虚拟养老院"通过自己开发或接受申请的方式招募加盟企业，通过"虚拟养老院"与企业的协商来确定企业的服务标准，以目标管理和电话回访、入户调查、老年人投诉等方式来控制和考核企业的服务质量。截至2020年，城关区"虚拟养老院"已吸纳各类加盟服务企业126家，建成街道社区医养融合中心6个，整合原有11大类230项服务项目，为老人提供4大类150余项服务。

(二)"智慧+虚拟养老"新路径

兰州市城关区"虚拟养老院"通过智能养老服务、科学调度指挥、紧急呼叫、主动关爱等贴心服务，让辖区老人在互联网科技创新的新时代真正享受到"智慧"的晚年生活，走出一条"智慧养老"的新路径。

1.通过智慧手段为老人提供专业服务。通过965885客服热线，老人足不出户即可享受专业服务上门。以A类老人为例，服务内容如下：一是生活照料。包括老人自身卫生清洁、老人衣物清洗、生活物品代购、各类费用代缴。若老人生活不能自理，还负责老人饮食。二是家庭保洁。包括老人房间及厨房、卫生间地面、墙面、窗面、桌面的清洁。三是物业维修。包括老人房间上下水、暖气、电路维护（"虚拟养老院"只负责相关服务，所需材料成本由个人支付）。

同时，20多家社区为老服务机构成为"虚拟养老院"的"实体店"，将老人配餐和康复保健、心理关怀等服务悉数纳入，推出养老服务"私人定制"，围绕老年人的衣、食、行、医、乐、游，建立社区居家养老信息平台和老年电子商务平台，通过线上线下服务，让老人的生活更舒心、更便捷。

2.通过智慧设施提升老人晚年生活质量。通过智能体检设备、远程医疗、智能家居展示、智慧餐厅、VR娱乐体验室、实时显示线下家政服务进展的电子屏等智慧设施，提升养老服务和管理的智能化水平，并为老人生活质量的提升奠定物质基础。通过对"虚拟养老院"进行异地扩建，不仅面积扩大、环境设施提升，在功能服务上也更完善更精准。2019年，"虚拟养老院"为辖区内75户A类老人配备了智能紧急视频通话设备，不仅具有视频通话、健康知识、娱乐、被动呼叫等功能，更重要的是能够实现语音报警，并由后台人工服务时时刻刻掌握老人动态，让老人实现"老无所忧"。

3.通过智慧体系延伸为老服务网络。2018年，"虚拟养老院"已建成集智慧养老、医养融合、生活服务、居家适老化改造等于一体的综合养老体验中心，不断健全和完善区、街道、社区三级互联共享的智慧养老服务管理平台，真正实现了养老服务供给与需求的精准对接。新建的"虚拟养老院"医养融合中心在将老人健康数据存档的同时，通过甘肃医联体平台与兰州市第二人民医院协作，可直接通过医联体平台为老人预约挂号和预约检查，省去了老人到医院等候、排队挂号和看病的麻烦。同时，"虚拟养老院"还与第三方机构合作，由其派人定期为辖区困难老人、失独老人上门开展基础性身体检查，并实时将老人体检情况和健康状况，以及体检照片等反馈到专门系统中，为老人就医时提供各项数据参考。

未来，"虚拟养老院"将致力于将服务延伸到街道社区，依托街道为老服务中心、社区日间照料中心开展线下养老服务，由社区通过资源整合和培育组织，发挥养老服务功能。同时，大力推进居家和社区养老服务体系建设，加强服务标准化建设等，提升城关区智慧型养老服务模式和品牌。

二 成效经验

城关区"虚拟养老院"运行10余年来，通过招标入围吸纳医养机构、家政企业、看护机构等各类加盟服务企业126家，为居家老人提供生活照料、医疗护理、精神慰藉、紧急援助四大类150余项服务项目。2019年，城关区被工业和信息化部、民政部、国家卫生健康委员会认定为"智慧健康养老示范基地"。截至2023年7月，共有13.97万余名老人注册加入虚拟养老院，服务总量达1544.8万人次。

第一，"虚拟养老院"模式有效整合了政府、企业、社区、社会组织等多元力量，通过创新模式为解决养老模式提供了新路径。政府购买服务能够保证虚拟养老院的正确方向、为服务提供兜底保障；企业服务的形式能够提供养老服务的必要资源，保证服务专业性的同时形成符合市场要求的长效发展机制；服务向街道和社区的延伸进一步使"虚拟养老院"与现实载体相结合，为社区养老上门服务提供便利；社会组织、志愿者等群体的参与既对服务起到了有效的补充，又能够激发敬老爱老助老的社会氛围。

第二，"虚拟养老院"以智慧化手段和平台为依托，能够充分发挥现代科技手段的优势，为老人提供精准化、多样化的养老服务。智慧化手段的便捷性有效提升了老人需求和专业服务的对接质效，真正实现足不出户的养老服务标准化。与此同时，智慧养老设施能够为老人提供丰富多彩的娱乐选择和与子女、外界的沟通平台，实现精神富足。医养结合的服务方式充分结合老年群体特征并为其需求满足提供便利，智慧化手段也真正实现了养老到医疗"零距离"。

为解决"虚拟养老院"容量不足问题，城关区争取民政部和省民政厅资金对"虚拟养老院"异地扩建，形成了集调度指挥、质量管理、医养融合、教育培训、文化活动、志愿服务、产品展示于一体的新格局，拓展了为老服务的领域和内容，进一步提升了服务水平和质量。

三 案例启示

随着传统家庭功能的不断退化和外移，传统家庭养老面临的困难和挑战越来越大。虚拟养老因其投入小、服务人数多、服务种类丰富等独特优势最受老年人的欢迎和认可，也是政府破解养老难题的一把金钥匙。加强"虚拟养老院"建设，汇聚政府、社会、个人等多方力量，能够更好地应对老龄化的到来。但这种社区养老模式的推广，还存在资金成本压力大，网络系统不完善，服务模式单一，监管机制不完善等一些实际困难。

养老服务是一项对细节要求非常高的工作，只有服务上去了，才能得到老年人的认可。这就要求虚拟养老机构一方面要重视细节，强化服务，不断满足老年人的多样化要求；另一方面，要健全规范，并认真执行，使虚拟养老的模式机制能够长效运转。同时也要清醒地认识到，虚拟养老机构的功能是有限的，也无法靠单一模式解决所有养老问题。只有不断整合资源力量，持续推动模式的深化创新，才能将养老事业不断推向前进。

案例点评

老有所养，是千家万户关切的"家事"，也是习近平总书记挂念的"国之大者"。党的十八大以来，以习近平同志为核心的党中央正确把握我国人口发展大趋势和老龄化规律，规划部署"积极应对人口老龄化"国家战略，为老龄事业发展擘画蓝图。虚拟养老作为一种创新的养老模式，不仅是城关区政府对于解决养老问题的积极探索，更体现出城关区政府在寻求政府职能转变的道路上迈出了尝试的步伐。通过政府、企业、社区、社会组织多方力量的协同配合，以智慧化、信息化手段作为支撑和保障，充分满足老年人口精细化、多样化的需求，这既是养老发展模式的创新尝试，也是基层社会治理的模式的创新发展。

02 "民情流水线"连起党群心

甘肃省兰州市七里河区西湖街道

兰州市七里河区西湖街道地处兰州市的南大门，街道成立于1956年，1958年改为西湖公社，1962年恢复西湖街道。2004年的西湖街道，下辖9个居民委员会，存在着驻区单位多、少数民族人口多、流动人口多、外来经商人员多、下岗失业人员多的特殊性，群众需求具体，情况复杂，管理难度大。时任西湖街道党工委书记的陈冬梅发现，群众来街道办事，由于程序不规范、牵扯的部门多，办件小事都往往要来回好几次。党组织服务群众无抓手、成效低，"如果群众办事的流程能像工厂流水线一样，效率就高了"。于是陈冬梅带领团队首创提出了"民情受理、限期办理、公示反馈、跟踪监督"的为民服务四道办事程序，并不断完善形成了以一系列便民利民措施为载体的社区管理服务体系，即"民情流水线"。2010年8月，西湖街道历时3年研发的"三维数字社区"集成管理应用系统问世，数字化的"民情流水线"也逐渐成为具有影响力和知名度的智慧城市案例。

2013年2月4日，习近平总书记到兰州市七里河区西湖街道考察，时任西湖街道党工委书记的陈冬梅向总书记汇报兰州党建及基层治理的工作情况和取得的成效。在了解到该街道首创了"民情流水线"的新做法后，习近平总书记表示："上面千条线，下面一根针，很多工作需要大家来落实，你们很辛苦。基层工作很重要，基础不牢，地动山摇。希望大家都重视基层基础工作，关心基层党员，为基层搞好工作创造条件。"习近平总书记的肯定使现场的工作人员备受鼓舞,"民情流水线"作为党群之间的连心桥也成为街道社区党建工作的"名片"。

一 基本做法

"民情流水线"是兰州市七里河区西湖街道首创的党建惠民品牌,旨在借鉴工厂流水线作业模式,规范服务流程、改进服务方式、提升服务效率。通过树立"民思我想、民需我办、民困我帮、民求我应"的服务理念,真正做到急民需、解民困、纾民忧。

(一)畅通渠道察民情

收集民情民意,及时掌握居民的困难和实际需求是"民情流水线"正常运转的基础。西湖街道搭建起线上+线下、定点+流动的信息收集渠道,并创新数字社区建设,实现掌握民情"无死角"。

1.社区工作者收集民意。以社区工作人员为主体,通过入户走访、街头随访、电话追访,结合民情信箱、民情热线、民情连心卡、民情恳谈会、民情接待日等多种方式和渠道,收集居民反映的情况,并及时解决。

2.代表委员定点接访。西湖街道建立"两代表一委员"民情联络站,组织辖区内党代表、人大代表、政协委员每周二下午准时接待来访居民,并开通服务热线倾听意见,按程序及时处理并答复。如遇无法及时解决或超出职能范围的问题,及时调查了解并整理归类,向上级党组织、人大和政协提出建议、议案和提案,并跟进办理。

3.依托"三维数字社区"管理系统实现动态管理。包括通过三维立体街区的呈现实时掌握辖区动态;通过居民动态信息库的建立实现对居民的精准服务和流动人口管理;通过智能呼叫系统及时上门服务并处理突发事件；等等。

（二）完善制度提质效

街道日常工作事项繁杂，为提高"民情流水线"的服务能力，西湖街道重点从以下三个方面着手，完善制度化工作流程实现办事质效的提升。

1.将居民提出的问题和诉求按即办件、承诺件、补办件、上报件、建议件分类办理。对能马上处理的，归入即办件，随来随办，及时办结；对一时不能办理的，归入承诺件，规定时限，限期办结；对手续不全的，归入补办件，书面告知居民需补齐哪些手续，再行办理；对街道职能范围无法办理、需要上报的，归入上报件，在批复后3个工作日内答复居民；对不属于街道办理的，归入建议件，推荐居民到有关部门办理。

2.通过电子显示屏、触摸屏、公告栏、网站等，宣传和公示办事程序。对住在外地的户籍居民，以及复杂事项的办理情况，通过信函、电话单独答复；对网上咨询办理事项的，在网上给予答复；对身体残疾、年老体弱，行动不便的居民，主动上门反馈办理情况，送达相关手续资料。

3.对民事办理实行"一事一评"和跟踪监督。西湖街道在"一站式"服务大厅配备触摸评价器，居民可即时评价街道办事人员的服务质量，评价结果直接传入街道总控中心，并每月公布评价结果，成为考核办事人员的重要依据。设立投诉监督室，聘请民情监督员，定期对办理事项进行跟踪和随机回访，了解办事效果。

（三）便民利民创品牌

西湖街道根据居民人口结构特征和个性化需求，有针对性地打造服务品牌，丰富"民情流水线"的实质内容。"四点半""夕阳红""与你同行""一元钱爱心党费"等品牌已成为支撑"民情流水线"的重要子工程。

1.为解决双职工家庭子女托管问题的"四点半"无忧服务。街道根据居民反映的孩子四点半放学后无人接、无人管、过马路不安全、随意进出网吧等现实问题，在辖区内分片设立4个社区辅导站协助开展未成年人课外教育，安排专人放学后将孩子接到辅导站，并请校外辅导员、大学生志愿者为孩子们提供无偿的作业辅导及唱歌、画画、玩游戏等陪伴活动。

2.为解决街道孤残、空巢老人无人照顾、生活不能自理问题的"夕阳红"帮老服务。街道设立"夕阳乐餐桌"，免费为"三无"老人（无劳动能力、无生活来源、无赡养人和抚养人）提供做饭、送饭服务；空巢老人的午餐、晚餐价格仅为5元，有饭有菜、有鱼有肉。街道辖区内"三无"、空巢老人均可享受到免费的家政、保健及心理疏导服务。

3.面向残疾人群体的"与你同行"助残服务。街道针对辖区内残疾人不同的技能优势和兴趣爱好，鼓励残疾人学习技术、自力更生；组建街道残疾人艺术团，并提供资金、场地、道具等多方面的支持，帮助残疾人群体更好地融入社会，展现才能。

4.为解决困难群体生活问题的"一元钱爱心党费"济困服务。为帮助辖区内的困难居民，西湖街道成立了76个"党员爱心储蓄所"，号召街道单位在职党员每个月多交"一元钱爱心党费"。在党员的共同积累下，"党员爱心储蓄所"已帮助许多困难家庭走出生活困境，帮助困难家庭的学子完成学业。

（四）整合资源齐出力

真正做到解民困、纾民忧，仅靠街道自身的力量是远远不够的。西湖街道通过以活动吸引、以服务争取、由机制保障等途径，整合街道助民惠民资源，使之成为共建的积极力量。

1.以活动吸引资源。西湖街道先后组织"百家单位、千名党员进社区结对共建""辖区党员奉献日""扶贫助困献爱心""在职党员认岗"等一系列有针对性的特色活动，吸引大批街道单位和部门的积极参与。与工商、税务、民政、工青妇、公安等职能部门联手共建，成立街道非公经济组织和社会组织党建工作联合服务中心、社区流动党员"先锋驿站"，开展"先锋惠民行动"。组织街道在职党员、离退休党员参与楼院党支部活动，调动他们利用业余时间服务街道公益。

2.以服务争取资源。为解决街道及下辖社区办公用地、服务设施不足的困境，社区主动组织志愿者帮助驻区单位解决管理力量不足等问题，积极为驻区单位提供便利服务。在街道和社区的积极争取下，不仅驻区单位的管理难题得到了解决，和街道之间也结成了紧密的连接，纷纷为社区捐资、提供办公场地和服务设施。在驻区单位的支持下，西湖街道下辖9个社区均建成了300平方米以上的活动场所。

3.以机制凝聚资源。西湖街道通过组织党建联席会、工作会、联谊会、研讨会等，加强工作协调，密切同街道各类组织的联络交流。设立共驻共建联络站，与94家单位签署了"结对共建"协议书，聘请党员义务监督员、行风政风监督员，各党员责任区组建志愿者服务队，建起上下相通、左右联动的街道、社区、单位、楼院共驻共建网络。开展"支部进楼院、服务在身边"活动，建立以楼院党支部为核心，楼院长管理为主体，社区民警、物业、城管、环保、司法等职能部门协同参与的"六位一体"管理模式。每年对参与"民情流水线"的企事业单位党组织进行评选，表彰先进，并把评选结果作为文明单位考核验收的重要依据。

二 成效经验

"民情流水线"是为满足辖区居民需求而创新建立的服务型工作模式，借助现代信息网络手段，融社会治理和服务群众为一体，真正实现了基层服务"贴心型"质变，其不仅是一套工作流水线，更是党群连心线、党员先进线、资源整合线、服务提升线、群众监督线、社会和谐线，得到了辖区居民和驻区单位的一致认可和好评。

1."民情流水线"把"民情"摆在基础首要地位。通过设立民情信箱、撰写民情日志、"两代表一委员"下社区等各种渠道和方式倾听民声,最大限度畅通民情民意的反映渠道。在此基础上,有针对性、实效性地为群众办实事、解难题,将"民情流水线"工程与基层党委政府的各项工作和其他惠民工程紧密结合,持续创新服务载体,促进服务群众能力的深化拓展。

2."民情流水线"打造出了一套高效服务的"流水线"。西湖街道在模式探索的过程中形成了"民情受理、限期办理、公示反馈、跟踪监督"的办事程序,建立了满足群众不同需求,协调解决群众实际问题的流水作业方式。以项目品牌为特色,整合惠民助民资源,将"民情流水线"工程与各子系统工程协调联通,形成长效工作机制。积极借助数字化平台手段,建成了"一台办理、二条网络、三线运作、四套程序"的电子政务服务平台,实行"八公开""五件式"办理模式,并逐步构建起"数字西湖"电子政务品牌。(见图1)

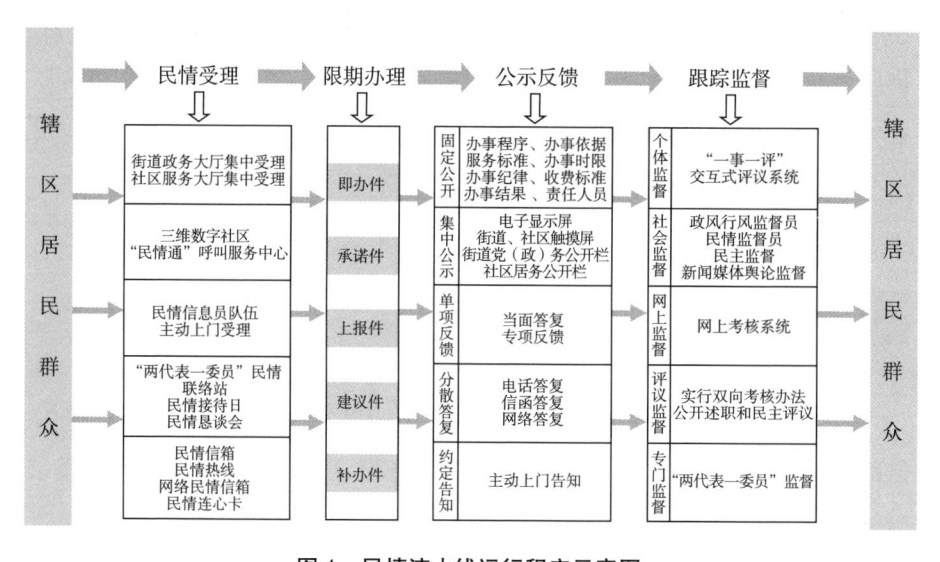

图1 民情流水线运行程序示意图

近年来，西湖街道对照服务群众方面存在的差距，在"民情流水线"的基础上又进一步探索出"大数据+网格化+群众路线"运行机制的"田字型"治理体系，充分发挥网格管理精细化优势，让民情民意表达在家门口，完善构建民情连心桥，并按照居民需求定向推送精准服务。

三 案例启示

"民情流水线"工程的本质是贴心为民服务、精细化管理，在基层治理和服务群众方面有几个鲜明特点：一是紧扣"察民情"这个基准点，察民情、听民声，拓宽党群联系的渠道；二是抓住"解民忧"这个着力点，解民忧、谋民利，体现党的先进性要求；三是立足"集民智"这个支撑点，集民智、助民困，构建辖区共建共治新格局；四是着眼"顺民心"这个关键点，办民事、顺民心，把群众的事当成自己的事来办、当作大事来帮助解决。

在基层社会治理的研究中，往往存在着传统与现代、国家与社会、情感与理性二元对立的视角，街道又因其政府末梢的职能而常被打上行政化的标签，与居民之间产生了疏离。而西湖街道的治理实践和创新模式则在二者间实现了弥合。习近平总书记强调："共产党是为人民服务的政党，为民的事没有小事，要把群众大大小小的事办好。"[①] 这不仅有赖于制度化、标准化、科技化的基层治理体系和治理能力现代化的"硬指标"，更需要基层治理工作者从思想上、情感上着力提升基层治理的"软实力"。"民情流水线"正是具有传统性、本土性、现代性与技术性的多元工作方法，其根基在于基层工作者的情感投入和责任担当，精确聚焦辖区发展困境和个体现实需求，以制度化工作流程提升现代社区治理能力，依托信息数字化平台

---

① 《坚持新发展理念打好"三大攻坚战" 奋力谱写新时代湖北发展新篇章》，《人民日报》2018年4月29日。

保障治理效能。

案例点评

　　随着城市化进程的加快，城市规模不断扩大和社会利益关系的复杂化为基层社会治理带来新的挑战，人民群众对美好生活的向往也驱动新时代基层治理模式必须不断创新。"民情流水线"工程是一个系统工程，通过流水线服务模式贯通察民情、解民忧、集民智、顺民心，成为联系党和群众的连心桥，推动居民获得感、幸福感、安全感持续提升。但落实"民思我想、民需我办、民困我帮、民求我应"的服务理念，还必须要不断优化服务，完善服务功能，进一步提升基层建设水平，促进基层社会和谐稳定、科学发展。

03 "两邻"打造幸福家园

沈阳市沈河区大南街道多福社区

多福社区位于沈阳市沈河区滨河街道大南街363号，2000年建成，辖区占地面积11万平方米，由6个自然院组成，居民楼始建于1981年，大多数房子都是三四十平方米的"筒子楼"，是有着近40年楼龄的老旧小区。从人口构成上看，社区共有3013户，总人口9000余人，居民党员300余人。这也为多福社区的治理带来了一定的困难：一方面，社区基础环境差，楼体年久失修，设施老化，居住环境问题也经常引发邻里纠纷。另一方面，随着国有企业市场化改革的发生，作为东北老工业基地重镇的沈阳市也受到了国企"下岗潮"的影响。多福社区下岗人员相对集中，居民心态也存在一定的变化和失衡，如何保障失业群体的家庭生活对社区提出了要求。与此同时，社区老年人口比例较高，也需要有针对性的措施进行治理。

2009年3月起，沈河区委、区政府投入800多万元，开始了对多福社区的全方位改造，社区的硬件条件大幅提升，也令居民直观感受到了老旧小区的面貌转变。2013年8月30日，习近平总书记专程来到改造后的多福社区进行考察，在看到社区改造的新变化和听取居民发言后，习近平总书记指出，让老百姓过上好日子是我们一切工作的出发点和落脚点。社区建设光靠钱不行，要与邻为善、以邻为伴。老工业基地前些年下岗人员相对集中，党和政府要切实关心他们及其家庭的工作和生活，加强社区服务特别是针对老年人的服务，做好就业再就业工作，让在就业创业上需要帮助的群众都得到帮助、在生活上需要保障的群众都得到保障。

习近平总书记的殷切嘱托也为社区的未来发展指明了方向。2021年6月19日，沈阳市在多福社区召开践行"两邻"理念工作现场推进会时提出，践行"两邻"理念是建设国家中心城市的基础支撑，是坚守人民情怀的价值追求，是传承城市文化的重要依托。要牢记习近平总书记殷殷嘱托，以"两邻"社区建设扎实推进基层治理体系和治理能力现代化，让我们的城市有温暖、有尊严、有事业、有希望。

一 基本做法

多福社区的治理发展始终围绕着"两邻"开展，以老旧小区邻居环境的改造为基础，联络居民骨干为核心的"小邻"，整合本地社区资源为重点的"大邻"，并以党建引领调动邻里组织协同发展，构建"两邻"文化引领的幸福家园。

（一）邻居环境改善奠定发展基础

沈阳市是住房城乡建设部城镇老旧小区改造的试点城市，围绕推进城市发展与转型一体推进"好房子、好小区、好社区、好城区"的"四好"建设，并形成了全国典型的"沈阳经验"。在改造的过程中，政府投入大量资金，着力解决邻居环境差、居民生活设施服务不完善的问题。

2009年，政府投入800多万元对多福小区进行全方位的改造，小区旧貌换了新颜，最直观的是硬件方面的改变：建设了下沉式的垃圾桶，保洁人员也增加了，小区环境变得非常整洁。2016年小区借助"蓝天工程"热源保障工作，拆除院内小型燃煤锅炉，实现了24小时热网统一供暖，居民家中供热质量得到了保障。2019年6月18日起，多福小区进行了第三次改造，改造内容全面，规模空前，涵盖多福小区29栋楼，涉及外墙保温及粉饰、屋面防水防渗漏处理、道路、排水、绿化、健身器材安装、八景修缮、翻建附属用房等工程，随着小区主院改造的全面完工，多福小区里里外外焕然一新。

（二）"小邻"带头实现邻里添福

在习近平总书记"与邻为善，以邻为伴"观念的引领下，多福社区发挥居民骨干的带头作用，联络"小邻"组织，号召居民们走出"小家"、拥抱"大家"，调动居民群众自主治理积极性。在多福社区，无论谁家有什么困难，社区党委、志愿服务团队、左邻右舍，都能及时伸出援手，由此极大增强了社区居民的归属感，真正感受到社区"大家庭"的温暖。

多福社区也通过载体建设和活动开展增强社区居民的凝聚力。一是以"评理说事点"为载体，调解社区内的矛盾纠纷；二是以党员志愿者组织为载体，积极发动社区党员志愿者奉献力量；三是以居民自发组织为载体，开展"我爱我家"清洁家园日、"绿地认养"等活动，进一步改善社区环境；四是以平安志愿巡逻队为载体，结合民警治安防控，开展全天候、全方位、全员化防范；五是以诗社、合唱、舞蹈、民乐等7支文体团队为载体，开展文化活动。通过"小邻"组织有效联动真正实现邻里"添福"。

（三）"大邻"服务实现邻里享福

多福社区党委建立了本社区的资源池，整合"大邻"组织。通过成立"幸福大联盟"，吸纳新松机器人、卓政律所等90余家"大邻"单位并签订共建协议，整合优势资源，匹配居民需求。

多福社区通过整合"大邻"资源，为社区内失业待业人群提供了岗前技能培训、创业培训招聘会、应届大学生补助等多项措施；针对辖区下岗失业人员、流动人口、残疾人等重点群体，开展岗前技能培训、创业培训，帮助下岗失业人员树立正确的择业观，社区现已无零就业家庭；调动邀请专业康养服务机构，为居民提供健康体检、康复理疗、心理咨询等服务。

（四）党邻协同实现邻里生福

多福社区党委牢记习近平总书记的殷殷嘱托，转变过度依赖"人、财、物"的发展思维，探索出了"福"文化的特色文化社区建设，集中精力整合和联络"大邻、小邻"的社会资源，为全市乃至全省践行"党建引领基层治理"实现新突破提供"沈河样板"。经过10年来的发展，多福社区党委形成了"1448赋能'福'文化创新社区治理和服务"的社区工作法。

1.以党建引领调动邻里组织协同化，形成了"一核多元"的组织关系。社区党委坚持把党的建设作为固本工程，筑牢了"1+X"大党委、网格党总支、楼院党支部、楼栋党小组、党员示范户五级组织架构。社区党委下设10个特设党支部，利用其创新社区治理和服务，处理公共事务，如"福"文化研究、治安防控等，实现了邻里"生福"。

2.引入社会组织，承接社区公共服务。多福社区通过引入社会组织，承接社区公共服务项目267项，建立了社区居家养老服务中心，每天为居民们提供平价、放心的餐食；开办了社区健康驿站、社区食堂、老年活动中心等，可为居民提供中医养生、助浴、心理咨询等数十项服务。请专业的人干专业的事，不仅能提升服务水平、服务质量，也能解决社区工作者人员配备不足、分身乏术等问题，从而完善治理体系，提升治理能力。

（五）"两邻"文化构建幸福家园

1.社区改造的过程中，注重文化构建和文化融入。围绕打造"福文化"品牌，建造了"福文化"地标汇福门、迎福墙、祈福石、聚福亭、福田广场、千福榜等"多福八景"。政府投入40余万元，建立了多福社区"福文化博物馆"，这是东北地区首家社区博物馆。多福社区"福文化博物馆"从筹建到开馆，从区政府打造小区到居民参与建馆过程，是社区挖掘文化内涵、提升文化品位的充分展现，同时更是居民参与社区建设、社区凝心聚力的真实写照。多福社区还建造了标志性建筑"福祠"，作为社区居民祈福、惜福、纳福、传福载体，作为全国鲜有的社区功能建筑场所，建成之日就业已成为多福社区居民及周边社区居民休闲活动及福文化元素内涵展现的场所。

2.以特色"福文化"建设为引领，吸引居民走出家门。多福社区近年来开展了多福迎新春系列活动、写福送福等多项"福文化"活动，打造了社区元宵灯会、百家宴、重阳节祈福敬老等品牌文化活动，通过特色文化社区的创建，使居民的归属感和幸福感油然而生。

二 成效经验

多福社区党委坚持党建引领，聚焦"两邻"幸福家园建设，深挖"邻"的内涵，把准"邻"的关系，形成"邻"的自觉，做深做实民生工程，不断提升社区精细化治理、精准化服务水平，将"两邻"理念变成社区治理具体生动的实践场景。

1."固本"工程推动老旧小区建设提档升级。不断完善社区"1+X"大党委、网格（小区）、楼院党小组、党员中心户的组织架构，确立居民点单、支部下单、党员接单"三单模式"。

2.民生工程不断提升居民获得感、幸福感、安全感。打造社区养老综合服务中心，以"五社"联动为支撑，提供"十邻十助"服务项目，使社区老年人就近享受普惠制服务。通过常态化的在"两邻"体验馆提供技能培训、智慧医疗、教学辅导、法律宣讲等无偿或低偿服务，让居民们足不出院就能享受到各种社会资源带来的惠民效果，实现邻里"享福"。

3."铸魂"工程提升社区文化融入"两邻"实践的感召力。立足地域特色和文化背景融入"福文化"内涵，开展丰富多彩的"福文化"系列主题活动，用传统美德缔造和美之家。自从创建文化特色社区以来，丰富多彩的福文化活动使得居民整体素质得到显著提高，对社区漠不关心的少了，大家参与社区建设的热情空前高涨。多福社区先后获得了全国学习型社区示范单位、全国社区睦邻文化建设工程示范社区等称号。

作为老旧小区的多福社区相继进行了基础设施的多次改造，并根据地域特色和文化背景融入"福文化"内涵，通过创建"福文化"系列活动，有力促进和谐社区建设，成为独特的福文化基地。多福社区的"福多"不仅仅在于社区的旧貌换新颜，还在每个社区居民的脸上和心里，"人在福中，福在心田"。

三 案例启示

"两邻理论"是新时代加强和完善我国城乡社区治理、建立新时代和谐邻里关系的新思想。2013年习近平总书记在与沈阳市沈河区多福社区居民座谈时指出，"社区建设光靠钱不行，要与邻为善、以邻为伴"，深刻点明了社区治理领域长期存在的难点问题，即如何建立起人人有责、人人尽责、人人享有的社会治理共同体。解决这一问题，不能"见物不见人"，在满足基本的资金、物力支持后，更需要发挥人民群众的积极性、主动性、创造性，将分散的群众个体汇聚起社区建设的合力。

"与邻为善"将社会主义核心价值观中的"友善"贯彻于社区邻里之间，内化于情感，从而营造充满温情的邻里氛围；"以邻为伴"则强调在社区居民之间形成密切的互动关系，通过把居民组织起来，激活居民社区参与的内生动力。前者塑造精神情感，后者搭建关系网络，形成睦邻爱邻、守望相助的社区治理共同体。

多福社区在"两邻"理念的指导下，积极探索以加强基层党的建设引领社区治理的新路子，形成"党建引领、文化铸魂、多元参与、社会协同"

的社区治理新格局，走出了基层社会治理的崭新实践，使居民的生活幸福多多、温暖多多。实践中，社区党委通过"六聚力、六提升"模式，加强社区党组织对各类组织和各项工作的领导，确保党的路线方针政策全面贯彻落实。建立"聚力组织引领，提升核心领导能力；聚力阵地建设，提升服务平台能力；聚力先锋作用，提升队伍动员能力；聚力需求整合，提升资源共享能力；聚力文化品牌，提升民心凝聚能力；聚力载体活动，提升专业服务能力"的社区治理工作模式，构建党员和群众共责共建共治共享的社区责任共同体、利益共同体和生活共同体。

案例点评

习近平总书记强调，"要坚持以人民为中心的发展思想，切实解决好群众的操心事、烦心事、揪心事"[①]，这正是党和国家始终与人民站在一起的生动写照。因此，在中国的政治、制度和文化背景下展开的党群服务，不仅是密切连接政党与社群的桥梁，也是中国共产党以人民为中心的发展思想和全心全意为人民服务宗旨的重要实践。中国共产党自成立以来即形成了"一切为了人民，一切依靠人民"的群众路线，奠定了良好的群众基础。随着时代的发展和社会需求的变化，"全心全意为人民服务"的宗旨不变，同时也给新时期的党群服务工作提出了更高的要求。

多福社区的治理发展始终围绕着"两邻"开展，以老旧小区邻居环境的改造为基础，以"小邻"带头实现邻里"添福"，以"大邻"服务实现邻里"享福"，以党邻协同实现邻里"生福"，"两邻"文化构建幸福家园，让基层社区治理有了厚度和温度。

---

① 《决胜全面建成小康社会决战脱贫攻坚　继续建设经济繁荣民族团结环境优美人民富裕的美丽新宁夏》，《人民日报》2020年6月11日。

04 坚持党建引领 打造"关爱型社区"
内蒙古自治区锡林浩特市楚古兰街道爱民社区

爱民社区成立于2002年，坐落于锡林浩特市城区东部，占地面积0.77平方千米。现有工作人员共计25名，辖区内拥有居民户数2828户，总人口数为6041人。内驻有两家单位，是参与社区协同治理的重要力量。

2018年6月，社区党委正式成立，下辖三个党支部，现有党员共计113名，其中在职党员6名。自2009年起，社区党群服务中心开始投入使用，其总建筑面积达到2000平方米。服务中心内设有便民服务大厅、民惠超市、石榴情健康站、石榴花咨询室、中华优秀传统文化体验室、为老服务站等多个功能室，以满足社区居民的多元化需求。

社区虽小，却连着千家万户。小到柴米油盐，大到衣食住行，人民群众的工作、学习、生活都离不开社区空间。爱民社区曾经面临着贫困群体多、下岗职工多的难题，辖区群众的就业、社会保障等需求强烈。针对这一实际，该社区以"知民、便民、帮民、爱民、惠民、安民"为主题，着力打造关爱型社区。

2014年1月27日，习近平总书记来到锡林浩特市楚古兰街道爱民社区，察看社区卫生服务站、超市、便民服务大厅，同居民们亲切交谈，了解社区党组织关心困难群众工作和节日期间市场供应情况。他表示，社区党组织和党员干部要千方百计使群众生活更方便一些，使群众表达诉求渠道更畅通一些，把党和政府的温暖送到千家万户。上车前,他特地叮嘱社区负责人:"要把人民放在心中最高位置,全力为群众排忧解难。"

一 基本做法

在习近平新时代中国特色社会主义思想的指引下,爱民社区党委以服务落实习近平总书记交给内蒙古的两件大事为抓手,致力于推进社区党组织的政治功能与组织功能,充分发挥基层党组织的坚强堡垒作用,以党建引领社区治理、民生服务、环境保护等各项工作的协同发展。

(一)坚持党建引领,构建"横向到边,纵向到底"的工作格局

爱民社区以"五化协同,大抓基层"为思路,在抓基层、打基础上下功夫,不断做优党建治理网格单元。坚持党建引领,社区居委会发挥组织功能,以社区为平台、以社会组织为载体、以社会工作者为支撑、以社区志愿者为辅助、以社会慈善资源为补充,织密"爱民服务网",打通服务群众"最后一米"。社区9个网格均建立党支部,形成"党委—党支部—党小组—党员"的阶梯架构,推动党建引领网格化治理向楼栋、单元、家门口延伸,消除组织覆盖"空白点"。在建强基层党组织的基础上,2022年爱民社区建立了社区联合党委领导下的社区党组织、居委会、业主委员会、物业服务企业、非公有制经济组织和社会组织等共同参与的社区"1+5"联动共议机制,实现需求在网格发现、信息在网格采集、隐患在网格排查、矛盾在网格化解、服务在网格开展的基层治理体系,变"被动应需"为"主动办理"。班子成员通过与居民、辖区企业、驻区单位积极沟通,动员热心居民、在职党员、业委会成员、片警、物业员工担任兼职网格员,组建起党建引领网格化治理的志愿服务队伍8支,形成了"专兼合一"的网格服

务队伍。

2023年8月，爱民社区党委成功完成了党性教育基地的打造工作。通过升级阵地设施建设、明确讲解线路、培育"1+3"专业讲解队伍等措施，倾力打造优质的党性教育基地资源，并开设党性教育课堂，充分发挥了党性教育基地的承载力，使其成为干部教育培训的重要阵地。

（二）聚焦主责主业，主动作为靠前谋划便民利民事项

社区既是居民生产、生活、生存的地理空间，也是居民休闲、休息、修身的精神家园，爱民社区把服务利民作为重中之重。结合实际情况，爱民社区梳理现有公共服务事项，认真落实"放管服"工作，将原有的14个窗口整合为6个窗口，通过与劳动就业、民政、税务等部门沟通协调，将原有35项便民服务提升至50项。不断优化办事程序，对税费代缴、低保、社保、就业等与居民密切相关的服务窗口，灵活设置办事时间，尽可能满足居民的需求，让居民享受到更便捷高效的服务。按照"社区搭台、部门支持、社会参与、百姓受益"的运作模式，积极探索关心关爱新模式，通过整合辖区资源，不断延伸服务触角。爱民社区不断加强与企业的沟通衔接，推广开展"红色代办"服务模式，居民可以通过微信小程序点单、党员志愿者送货上门的方式享受关爱亲情服务，居民享受到优惠政策的商品达12557单；结合辖区残疾人需求，与社区卫生服务中心合作建成社区卫生服务站和温馨康复家园，为智力残疾人提供集康复、培训、简单劳动、文体活动和养老于一体的综合性服务；与民政部门对接，对社区阵地和设施设备进行改造完善，建成爱民社区养老服务站，并引进养老服务社会组织，为辖区90岁以上的老年家庭提供上门服务。

（三）坚持人民至上，做到倾听民声尊重民意顺应民心

爱民社区通过入户走访和居民自主咨询等形式，广泛收集意见建议和

问题矛盾，针对不同的责任主体，与相关单位、企业积极协调沟通，务实解决居民的急难愁盼问题。设置居民议事大厅，对涉及居民日常生活的大事，在居民议事厅集体协商；对社区能够解决的问题，社区立即处理；对需要相关部门和相关领导协调解决的，社区邀请相关负责人和相关部门在居民议事厅和居民共同商讨、给予答复。在问题解决后进行后续跟踪服务过程中，通过电话回访、实地回访的方式，了解问题是否彻底解决。爱民社区东统建小区的供暖管道改造工程，是由居民提方案，相关部门根据居民现场提出的方案整合优化，最后完成了此项工程。工程结束后，社区进行回访，直到所有居民都满意了，这项工作才画上句号。

二 成效经验

10年来，爱民社区始终牢记习近平总书记嘱托，努力践行宗旨意识，根据辖区弱势群体较多的特点，打造"关爱服务型"社区，把为民服务作为社区党委的初心和使命，明确了以为民服务为核心，坚持谋实事、出实招、做实功，通过强化便民大厅服务功能、提高社区卫生服务水平、打造残疾人温馨家园、开展共建共治共享活动，切实提升为民服务实效。

一是加强党建工作与业务工作的深度融合。为进一步提升党建品牌的暖心影响力，爱民社区党委围绕社区亮点工作，如"推进最强党支部建设""暖心党建品牌功能发挥""党性教育基地作用发挥"等方面，精准施策，加强党建工作与业务工作的深度融合。通过不懈努力，爱民社区党委致力于构建更加完善的社区治理体系，提升服务居民的质量。2024年4月，社区党委在上级党委的积极支持与协助下，成功在社区为老服务站引入了中医与理疗服务，进一步增强社区互嵌式服务体系的构建，提升社区服务的综合质量，为社区居民特别是老年群体提供更加全面、细致的健康照护。

二是发挥多方共治作用深化为民服务效果。爱民社区党委协同包联单位充分发挥包联共建力量，依托社区9支暖心服务小分队，以"敲门行动"为抓手，持续深化巩固主题教育成果。爱民社区党委通过一系列扎实有效的措施，关注居民需求，创新服务方式，提高服务质量等方面开展为民服务工作，不断巩固和提升社区党组织的核心地位，充分发挥党组织在社区治理中的领导作用；持续推动社区各项工作取得新的成绩，让居民在社区生活得更加美好、更加幸福。坚持以服务发展、服务民生、服务群众、服务党员为重点，创新方式创建"关爱服务"型社区。按照"夯实三有、推进一化、网格管理、精细服务"的要求，形成一抓到底的管理网络，织密"爱民服务网"，打通服务群众"最后一米"，切实提高为民服务实效。

三是聚焦民生实事精准发力力求实效。10年来，爱民社区各族群众生活越来越幸福，尤其是老旧小区改造，让旧貌换新颜——干净宽敞的马路、绿化优美的街道，孩子们有了嬉戏玩耍的小广场、老年人有了休闲娱乐的场所，社区居民的认同感和归属感得到了极大增强。同时，社区工作不断问需于民，2022年以来，社区党委开展"敲门服务"行动6次，收集民情信息1万余条，收集意见、建议130余条，为辖区居民申请低保74户、临时救助3户，累计为民办实事好事280余件。

社区党委牢记习近平总书记指示精神，坚持以党建引领、聚焦发展、凝聚党员、改善民生、惠及群众为重心，着力构建"关爱服务"型社区，搭建干群连心桥，在服务中做到"察民情、知民意、解民忧"，不断促进社区工作和各项事业的全面发展。爱民社区先后被授予全国综合减灾示范社区、全区创建文明社区示范点、全盟安全示范社区、全盟老年体育文化工作先进社区、市级先进基层党组织、无邪教社区等荣誉称号。

三 案例启示

如果社区基础设施不完善、管理服务跟不上，将直接影响居民的生活体验。如何解决社区发展中面临的挑战，进而焕发社区生机活力，锡林浩特市楚古兰街道爱民社区交出了一份满意答卷。

一是加强党的全面领导是基层治理的根本保障。爱民社区发挥基层党组织战斗堡垒和党员先锋模范作用，坚持党建带群建，更好地履行组织、宣传、服务等职责，提升了基层党组织的凝聚力和向心力。真正做到了人民群众在哪里，民生需求在哪里，党建工作就覆盖到哪里。

二是多元治理是推进基层治理发展的有效途径。在推进国家治理体系和治理能力现代化过程中，多元化治理有效搭建起党委、政府、社会、社区、社区居民之间的互动桥梁，通过有效融入上级党委、政府、驻区单位、社会组织、社区居民等不同属性的治理元素，以共建共治共享拓展了社区发展新局面。

三是群众满意是检验基层治理成果的重要标尺。随着经济社会不断发展，作为群众生存、生产、生活的载体，社区要对人民群众多层次、差异化、个性化的新需求、新期待给出回应。爱民社区不断提高为民服务、议事协商、应急管理和平安建设等能力，问需于民、问计于民，调动社区居民的积极性和主动性共建美好家园，不断增强人民群众获得感、幸福感、安全感。

案例点评

基层治理既是国家治理的"最后一公里"，也是人民群众感知公共服务效能和温度的"神经末梢"。加强党建引领，将基层党组织的政治优势、组织优势转化为治理效能，增强公共服务均衡性和可及性，切实满足人民群众需要，是基层治理工作的必然要求。

锡林浩特市楚古兰街道爱民社区用心用情用力为民服务，打造了民族地区社区治理的实践样板。在爱民社区，"把人民放在心中最高位置，全力为群众排忧解难"几个大字分外醒目，这些字刻在爱民社区的墙上，也深深融入社区工作者的每一个工作细节里。这是新时代社区工作者的座右铭，也是社区工作者的奋斗目标。作为社区工作者，一定要牢记习近平总书记的殷殷嘱托，勤奋工作，努力奋斗！

05 幸福社区的治理样本

福建省福州市鼓楼区东街街道军门社区

党的十八大以来，以习近平同志为核心的党中央高度重视城乡社区治理在国家治理体系和治理能力现代化建设进程中的基础性作用，就新时代如何加强社区治理提出了新思想新观点。军门社区位于福建省福州市中心最繁华地段，总面积约0.16平方千米，是一个以党建创新推动社会管理工作的模范社区。1991年，时任福州市委书记的习近平第一次到军门社区调研时，询问"居委会是否有党支部"。当听到"没有"的回答后，他叮嘱说"居委会要成立党支部"。当年下半年军门社区在全市居委会中率先成立党支部，由此开始了党建引领基层治理的不懈探索。1995年4月，习近平同志再次来到军门社区调研时，看到了从内到外焕然一新的面貌，社区办公场所从低矮破的木板房，搬到了宽敞明亮的安泰中心，在党支部的引领下居委会为人民群众办成了一件又一件实事。2010年起，发端于军门社区的"135"城市社区党建模式获得了全国推广，成为远近闻名的党建工作品牌。2014年，习近平总书记来到福建省福州市鼓楼区东街街道军门社区视察工作，作出了"三个如何"的重要指示。[①] 习近平总书记的重要指示深刻回答了社区治理"为谁服务""有谁领导""怎么治理"的问题，

---

① "三个如何"，即"要多想想如何让群众生活和办事更方便一些，如何让群众表达诉求的渠道更畅通一些，如何让群众感觉更平安、更幸福一些，真正使千家万户切身感受到党和政府的温暖"。

彰显了不忘初心的为民情怀，为党建如何引领社区治理工作指明了方向，也为推动新时代社区治理创新提供了思想指引和根本遵循。此后军门社区深入践行"三个如何"重要指示精神，全力推行"13335"军门社区工作法，有力推进了社区治理和服务创新。

一 基本做法

（一）红色领航，服务先锋

在"135"党建工作模式基础上，军门社区紧紧扭住党建这个"牛鼻子"不断开拓创新，又创立了"13335"工作法。"1"指坚持党建引领；"333"分别指健全政府治理、健全民主自治、健全社会共治三项机制，搭建社区工作、社区诉求、社区服务三个平台，强化队伍、设施、经费三个保障；"5"指打造"安居在社区""友爱在社区""美丽在社区""欢乐在社区""和谐在社区"。"13335"工作法，获得民政部及福建省委、省政府的肯定，并向全国、全省推广学习。

（二）急居民所急，想居民所想

如何畅通居民诉求渠道、协商解决百姓诉求？从2015年开始，军门社区一是将每月10日定为"居民恳谈日"，社区主任是召集人，定期邀请街道社区工作人员、网格员、居民群众等，协商讨论社区问题。二是专门请来"两代表、一委员"和住建、城管、供电、水务等部门工作人员，在恳谈日与大家面对面进行沟通交流。

（三）建立智慧社区，构建服务体系

军门社区依托"互联网+政务服务"，加快社区信息化建设，充分运用

大数据和物联网感知技术，大力推进智慧社区建设，实现社区网格化管理，有效推进居民生活便利化、公共服务高效化、设施建设智能化等。如今军门社区的居民的水、电、气，社区的充电桩、烟雾报警器等设备均实现了信息数据的感知、监测、分析，居民生活安全保险系数直线提升，甚至可通过水、电数据来判断独居老人可能存在的人身风险，及时上门帮助化解。

二 成效经验

（一）让群众生活和办事更方便

军门社区是福州典型的老旧小区。房屋破旧、设施老化、停车难都是社区的"老大难"问题，在这之中，环境问题成了居民心头的一根刺，为了拔掉这根刺，军门社区为满足群众对优美环境的期待，采取了一系列措施：一是在全区开展环境综合整治和老旧小区改造，加强社区硬件、软件建设，努力打造高品质的居住环境；二是紧跟时代步伐，从传统小区向智慧小区迈进。如今社区里的大事小事，很多都能凭借"智慧"来解决。比如人脸识别的门禁系统、智能垃圾分类箱等。

（二）让群众表达诉求的渠道更畅通

"做好社区工作，需要以社区为家的工作情怀。最好的社区工作法是以利他的思想、自家人的情怀与社区居民打交道。"福建省民政厅有关负责人表示，军门社区工作之所以取得显著成效，最重要的就是社区工作者将社区居民视为亲人，与居民协商讨论最关心的问题，让被动的民情反馈变成主动的牵线服务，以社区为家的情怀创造性地做好社区各项工作。

（三）让群众感觉更平安、更幸福

1.健全社区居民自治机制。一是明确社区居民委员会负责组织、引导社区居民开展民主选举、民主协商、民主决策、民主管理、民主监督等社区居民自治活动，将"为民作主"转化为"让民作主"。二是建立"社区居民代表提议-社区'两委'会议商议-社区党员大会审议-社区居民会议决议"的民主议事程序，对决策过程实施全程公开。三是健全社区工作评议会、社区人大代表工作室、政协委员工作室等社区监督制度，对社区事务、党务、政务、财务、警务等内容实行"五公开"。四是按照"常规事务定期公开、重大事项随时公开"原则，以居民满意度和社情民意知晓度为评议导向，对社区工作情况、重大决策事项执行情况等进行评议监督。

2.健全社区多方共治机制。一是整合多方力量协同参与共治，社区党委领导，居民委员会主导，社区工作服务站、社会组织、业主委员会、居民共同参与的社区治理体系初步形成。二是建立各参与主体沟通互动机制，建立"线上+线下"多维度、多媒介、多层次、全覆盖、易沟通的社区居民互动共治机制。一方面，利用"互联网+"建立军门社区智慧社区平台，集网上办事服务、社区居民论坛等功能于一体，线上实行热线电话、居民论坛、家园微信群等互动机制，开辟社区线上平台；另一方面，线下实行家门口互动，以社区开展的各种活动为载体，建立邻里守望互助、共同协商、参与共治机制。三是通过搭建平台，引进社工专业人才和社会组织，努力使"社区-社会组织-社工"结成联动机制，通过项目购买、项目补贴等方式，为居民提供心理咨询、法律援助、居家养老等服务。

3.提升服务筑成幸福家园。军门社区一是在二楼多功能活动厅门口的《每月活动安排表》上清晰地列写了丰富多彩的活动计划：每周一、三上午社区舞蹈队活动，每周二、四上午社区合唱队活动，每周五上午市曲艺团的老师们带来福州传统曲艺"呎唱"表演。与多功能活动厅相连的是军门社区"居家养老照料服务中心"，2000多平方米的场所里设有休息室、特护室、餐厅、棋牌室等，这里配有专业社会服务人员，为辖区80周岁以上老年人提供专业服务。二是设立了"四点钟学校"和"军门社区少儿托管中心",减少辖区干部职工下班接学生的压力,让社区居民幼有所学、老有所养、困有所乐。

三 案例启示

一是社区的党组织和党员干部应该时刻关注居民群众的需求,通过党建带动社区管理,让群众生活和办事更方便一些,这体现了"人民至上"的理念,也是中国特色社会主义现代化的重要特征之一。二是应该重视和加强社区建设,提高社区治理水平,为居民提供更加优质的服务和环境。三是军门社区将每月的10日定为居民恳谈日,通过这种方式,可以更好地了解居民的意见和建议,及时解决他们的问题和需求,增强社区居民的归属感和凝聚力。四是社区治理不仅是管理,更是服务。需要用服务的理念去推进社区治理,通过精细化、个性化的服务,满足不同居民群体的需求,实现社区的和谐与繁荣。军门社区的成功经验告诉我们,加强和创新社区治理,需要充分发挥基层党组织的领导核心作用,构建党建引领下的多元共治格局。同时,还要注重发挥居民的主体作用,鼓励他们积极参与社区事务,形成共建共治共享的社会治理格局。

案例点评

习近平总书记曾分别于1991年、1995年和2014年三次莅临福建省福州市东街街道鼓楼区军门社区视察,2014年习近平总书记视察军门社区时,充分肯定了鼓楼区以党建引领社区治理创新的经验做法,并满怀深情地提出了"三个如何"重要指示要求。"三个如何"用大白话、大实话和群众语言来表达,不但通俗易懂、简单明了,而且思想深刻、内涵丰富,具有很强的现实针对性和实践操作性,充分体现了习近平总书记坚定的人民立场和深厚的为民情怀，充分彰显了我们党全心全意为人民服务的根本宗旨。军门社区深入践行"三个如何"重要指示精神，全力推行"13335"军门社区工作法，有力推动社区治理和服务创新。20多年间，军门社区完成了华丽蜕变，把群众对美好生活的向往作为奋斗目标，社区治理和创新上不断取得新突破，服务水平不断迈上新台阶，让居民收获了满满的幸福感，真正使千家万户切身感受到党和政府的温暖。综上所述，我们要认真学习领会习近平总书记重要讲话精神，必须以"三个如何"为主线，把满足群众需求作为工作的出发点和落脚点，学习借鉴社区治理先进经验，从中感悟真理的力量、使命的力量、实践的力量，在新时代新征程上，我们要继续全面提升社区治理效能，助推基层社会治理体系和治理能力现代化。

06 "老年友好"托起稳稳的幸福

陕西省西安市雁塔区电子城街道二〇五所社区

2015年2月15日，习近平总书记到二〇五所社区考察慰问，视察了综合服务大厅、图书阅览室、中医馆，参观了社区居民书画展，观看了老年秧歌队排练。习近平总书记殷殷嘱托，社区工作是一门学问，要积极探索创新，通过多种形式延伸管理链条，提高服务水平，让千家万户切身感受到党和政府的温暖。

二〇五所社区位于陕西省西安市雁塔区电子城街道，成立于2001年8月，是依托中国兵器工业第二〇五研究所建设的单位型社区。社区人口老龄化严重，848户、1600人，其中60岁以上老人600人占比37.5%，是典型的老年社区，小区物业公司为业主自筹物业。2021年3月，司法部、民政部，命名二〇五所社区为第八批"全国民主法治示范村（社区）"。2022年12月，二〇五所社区被确定为2022年度陕西省绿色社区。2024年1月，二〇五所社区被评为2023年全国示范性老年友好型社区，社区居委会荣获西安市"好青年集体"称号。

一 基本做法

二〇五所社区党员干部群众将习近平总书记温暖的鼓励、深情的嘱托，作为最难忘的记忆和前行的动力，立足于典型老年社区的现实定位，把握其社区老年人大多数是所里的退休职工、文化水平普遍较高的特点，回应他们对社区期望值和精神生活的追求水平比较高的需求，切实营造"老年友好"环境氛围，为社区居民托起"稳稳的幸福"。

（一）以志趣养老丰富银龄生活

二〇五所社区定期将文艺骨干召集在一起，听取大家的意见，积极整合各方资源，极大程度满足老年人需求。面对老年居民提出的"聚在一起跳跳舞唱唱歌"的需求，社区专门开辟一间活动教室，钥匙归专人保管，拿出经费邀请专业舞蹈老师，满足舞蹈队的"进阶"需求。每天早上8点半到10点，社区的阿姨们都来跳跳舞，锻炼锻炼。舞蹈队在专人组织下变得有模有样，还经常受邀去其他社区参加文艺演出，她们购买统一服装，排练整齐舞蹈，参加活动比赛，大家有商有量，非常团结。面对老年居民提出的"培训一下形体和气质"的需求，社区很快请来了专业的模特老师。除了舞蹈、合唱、作模特，还有乒乓球、读书会、插花、书画展、非遗传承、体育比赛……社区活动多种多样，既能开展兴趣爱好，又能聊天交朋友，二〇五所社区的老年人晚年生活丰富多彩。每到傍晚，老人们在院子里散步、打太极、聊天，享受悠闲的退休时光。二〇五所虽然是老年社区，可处处充满生气。

（二）以志愿养老焕新银龄生活

二〇五所社区和居民关系通过社区事务连接在一起，居民生活在这片社区，不再是被服务和被管理者的心态，与社区共建的意识在日渐增强。热情的舞蹈队阿姨们一起参加社区"常青藤"志愿活动，社区工作人员在微信群里只要发送志愿服务，很快就会被抢完。这些老年人能够理解社区工作的辛苦，并认为退休闲在家里，找点事情做，生活才更有意义。随着志愿者队伍日渐庞大，73岁的退休职工宋平安受"红石榴驿站"和"红管家服务队"感染，牵头成立一支由14名退休男职工组成的"蓝马甲服务队"，主动承担起小区的日常巡逻等责任。社区阅览室的志愿者，也是退休的老年人，每天轮班义务整理报纸书籍，阅览室总是整洁有序，发挥着力所能及的光与热。相比于年轻人，参与志愿服务的老年人对社区的期望值和归属感更强，更愿意在社区里贡献自己的力量。

（三）以文化养老充实银龄生活

2019年，二〇五所社区开办自己的老年大学，突破科普大学只有大班的模式，分班、分步骤进行小班教学，教会老人如何用手机拍照、如何下载App购物、如何使用手机转账等。此外，书法、国画、葫芦丝、五禽戏、瑜伽等都被纳入老年大学课程，老年居民争相报名。二〇五所社区科普大学围绕疾病预防、运动健身、电信诈骗防范等话题，为老年人提供有针对性的科普知识服务，还增设遗产继承等法律课程，不仅给予社区老年人最实际的帮助，也成为社区居民日常生活少不了的交流平台。此外，社区阅览室存有各类图书上万册，还贴心地准备了台灯、老花镜和放大镜，方便老年人阅读。

（四）以服务养老温暖银龄生活

二〇五所社区经常主动与老人们唠起家长里短联结情感，将老年人分为红、黄、绿三个等级，不断延伸居家养老服务链条，让每位老人都能享受到有针对性的服务。对于社区里独居或者身体不好的老人，一旦列入红色等级，社区便会联合养老组织上门装门磁，若老年人在一定时间内，家门没有开关，便会有短信发送到社区和养老组织的工作人员手机上。针对社区老人多且平时外出不方便，常有理发、磨剪刀、裁裤边等需求，二〇五所社区每个季度都会组织一次"公益集市"活动。从政策解读到生活服务，从文化娱乐到商品供应，"公益集市"应有尽有。此外，启动"点亮红心"一对一帮扶项目，为辖区36名独居老人开展"管家式"服务；在社区食堂，二〇五所社区为社区老人提前开放就餐窗口，划定就餐区域，发起"老年助餐"工程；在爱心超市，公益组织"大安能量'益'站"发起积分兑换奖励计划，实现社区和志愿者的"双向奔赴"。

（五）以健康养老保障银龄生活

近年来，二〇五所社区引入医疗健康服务，让老人乐享居家康养。2021年10月，新改建的社区卫生服务站中医馆正式投入运营，门诊、药房、理疗室、康复室等一应俱全，新添置40余台中医治疗仪器，积极为群众开展健康服务，该中医馆设置有中药房、煎药室、治疗室等，总计1000多平方米，可以为社区居民提供刮痧、拔罐、推拿、针灸等中医的适宜技术，老年人在家门口就能享受到及时、便利、优质的健康服务。该中心积极推进分级诊疗和医联体建设，先后与多家三甲医院签约。每周均有省、市三甲医院专家定期下沉坐诊，为社区居民提供健康咨询和预防保健指导等服务。众多名医走进社区，方便群众在"家门口"就诊，不仅出门就能看病，而且挂号、诊查都不要钱。二〇五所社区卫生服务站正在努力与市医保局加强联系，建立"家庭医生""家庭病床"等制度，切实解决好老年人的就医问题。同时，积极发展中医特色诊疗，心系社区居民，努力成为社区居民的健康守护者，朝着打造基层中医"旗舰馆"的目标不断努力。

二 成效经验

（一）积极助力，形成"老年友好"的良好治理氛围

二〇五所社区党委成员只有10人，大家各司其职，有时一忙就分身乏术，再加上专业的事要专业的人来干，二〇五所社区在做好自身工作的同时，积极动员各方力量，延伸治理链条，把各种资源利用好，最大程度给予老年人帮助。2021年3月，二〇五所社区联合物业打造"红石榴驿站"居民议事平台，组建"红管家服务队"，变"坐等上门"为"主动接访"，并在每周三设立固定"接访日"，面对面倾听群众呼声，畅通居民诉求表达的渠道，让问题得以尽早解决。社区党组织搭建"凉亭议事会""板凳会""民情恳谈会"等沟通平台，主动察民情、访民意，提供平台和适当经费支持群众活动，比如选舞蹈队队长和活动时间，都是群众自己商量来。二〇五所社区与居民达成双向协作意愿，不断孵化、发展、壮大社区志愿组织及群众自组织，目前已拥有"常青藤""蓝马甲""巾帼""涓流""文体"5支活跃的志愿服务队，在创建文明社区、环境整治等多项工作中发挥着专业化、常态化和持久化的作用。

（二）真情链接，提供"老年友好"的专业精准服务

2021年下半年，二〇五所社区腾出办公场地加以改造，将更多空间提供给社会组织，方便他们开展多种多样的活动和服务，让福利惠及居民。社区不断延伸居家养老服务链条，引入第三方社会组织，借助专业化力量为老年人提供日间照料、助餐、保洁、缝纫修补等精准化服务。如在相关部门协调支持下，社区整合功能和资源，探索"社区提供场所，第三方链接资源"的模式，引进第三方社会组织建成"大安能量'益'站"便民服务超市。"大安能量'益'站"，以线上小程序及社区爱心超市为平台，

以"便民+爱心+互助"为切口,采取"社工+志愿者"联动模式,积极开展志愿队伍的孵化、凝聚、赋能服务。同时,开展助老、助困等志愿活动,为特殊困难老人提供爱心价,对行动不便的老人提供电话订购及送温暖上门服务,在公益便民、志愿服务、爱心互助方面发挥重要作用,逐渐发展成为社区居民、志愿者的暖心窝、加油站,受到群众的一致认同和赞赏。

(三)用心经营,构建"老年友好"的养老服务体系

近年来,二〇五所社区积极探索,联合西安市万和社会服务中心开创以"所依"居家养老智慧服务平台为载体,以家庭为核心,以社区为依托,以养老机构、社区志愿者和社区15分钟生活圈为补充的智慧养老新模式,着力构建以居家为基础、社区为依托、机构为补充、医养相结合的养老服务体系。每季度为高龄、失能、空巢、孤寡老人提供两个小时免费家政服务。引进"老有所依,健康随行"智慧居家养老系统,为有意向的老人装上"所依盒子",社区通过智慧养老系统实现老人与子女、服务机构、医护人员的信息交互,对老人的身体状况、安全情况和日常活动进行监控。同时,智能居家养老系统与时俱进,让智慧养老延伸到老人生活的各个方面,只需一个遥控器,即可通过电视实现健康管理、家政服务、即时通话视频等功能。如智慧服务让中医服务入户,把医生"请"进居民家,居民身体不适时可以通过系统和社区中医馆的医生视频通话,智慧养老在无形中改善着老人的生活质量。经过前期试点,得到辖区老人及家庭的认可,也得到了社会各界的众多好评。二〇五所社区居家养老服务站通过智慧化的居家养老服务平台、贴心周到的家政服务,让社区老人真正做到"养老不离家",让子女实现"把家带在身边,把心留在家里"。

三 案例启示

伴随人口老龄化的程度不断加深,各国形成共识:规模巨大的老年人口不仅是被"赡养"的负担,也是产出性的人力资源,关键在于如何积极应对,化挑战为机遇。随着我国人口老龄化的加剧,构建完善、便捷的社区养老服务体系已成为国家长期战略任务。其中,以家庭为核心、社区为依托的养老模式,因其符合国情、贴近老年人需求,正逐渐成为主流。习近平总书记指出,满足老年人多方面需求,让老年人能有一个幸福美满的晚年,是各级党委和政府的重要责任。[①]要推动养老事业和养老产业协同发展,发展普惠型养老服务,完善社区居家养老服务网络,构建居家社区机构相协调、医养康养相结合的养老服务体系。在这一背景下,社区智慧养老作为新兴模式,正以其独特的优势,为老年人提供更加周到、贴心的服务。二〇五所社区牢记习近平总书记"让千家万户切身感受到党和政府的温暖"的嘱托,加大社区层面的设施建设投入,依托卫生服务中心、养老驿站、老年食堂等资源,为老年人就近提供综合性的托养照顾和生活类服务;盘活资源,丰富老年人的文体活动场所;深入探索应用智慧养老服务平台,为老年人解决好最关心和最急切的问题。从饮食起居到出行便利,再到丰富精神生活;从被动接受服务到主动组织活动,再到积极参与治理。二〇五所社区多措并举,助力老有所养、老有所医、老有所为、老有所学、老有所乐。同时,老年人也在不断融入、支持社区治理体系,形成一个良好的社区自循环治理体系。

[①] 《贯彻新发展理念弘扬塞罕坝精神 努力完成全年经济社会发展主要目标任务》,《人民日报》2021年8月26日。

案例点评

老年友好型社区建设是社区关注回应老年人需求和利益、提供全面的支持和服务、不断提升老年人生活幸福指数的实践活动。社区工作既要凸显人文关怀，又要传递积极老龄观。二〇五所社区各类文化活动队伍，长期在辖区内排练、表演和按时举办活动，带动了广大居民群众参与各类文体活动，丰富了居民的精神文化生活，提升了居民的幸福感。二〇五所社区发动多方资源，多渠道"蓄水"，最大限度整合各方资源，再通过社区这个"龙头"放水，让老年人共享资源带来的福利，这是凸显人文关怀。同时，二〇五所社区调动老年人参与基层治理的积极性、主动性、创造性，引导老年人主动参与基层治理，通过党建引领、多元协同共治，把社区打造成共建共治共享的和谐家园，形成人人有责、人人尽责、人人享有的良好局面，让每一位社区居民包括老年人都能成为社区发展的参与者、享受者，真实地传递了积极老龄观。

美丽乡村打造美丽经济　走出居民绿色共富路

07　浙江省舟山市定海区干览镇新建社区

　　新建社区位于浙江省舟山市定海区干览镇西北，成立于2004年12月，由黄沙、南洞、里陈三个自然村组成。社区总面积4.5平方千米，耕地面积650亩，山林面积5600亩。社区共有农户578户，人口1533人，18个村民小组，村民代表54人。新建社区曾是舟山最偏僻荒芜的山村之一，交通不便，村子与外面世界的关联只靠一条坑坑洼洼的烂泥路。村民们则组团上山砍树，通过这条路运出村去卖给砖窑厂，勉强维持生计。因为贫穷，村里的青壮年大多外出打工谋生，整个村庄是空老村，只有老人和小孩，没有生气，居住环境脏乱差。让村民们富裕起来，让山村发展起来，是当地工作的重中之重。

　　近年来，新建社区坚持"绿水青山就是金山银山"的发展理念，精心保护、用心传承、尽心发展，以"农耕""渔作""民俗"等为特色，围绕"乡村＋田园＋生态＋文化"的发展方向，通过发展生态休闲旅游经济、丰富"文化旅游"内涵等形式，稳步推进美丽乡村打造。现在社区环境优美，景色宜人，公路、活动中心等硬件设施完善。新建社区以美丽乡村打造美丽经济，已经成为中国最美村镇50强之一。社区及其党支部先后获得全国先进基层党组织、全国文明村、全国生态文化村、国家级美丽宜居示范村、浙江省绿色社区、浙江省科普示范村、浙江省文化创意小镇等荣誉。

　　2015年5月25日，习近平总书记在浙江舟山定海新建社区考察调研期间，对新建社区美丽乡村建设给予充分肯定，并作出了"美丽中国要靠美丽乡村打基础"的重要论断。习近平总书记指出，这里是一个天然大氧吧，是"美丽经济"，印证了绿水青山就是金山银山的道理。习近平总书记强调，提高城乡发展一体化水平，要把解放和发展农村社会生产力、改善和提高广大农民群众生活水平作为根本的政策取向，加快形成以工促农、以城带乡、工农互惠、城乡一体的工农城乡关系。新建社区牢记习近平总书记的嘱托，一步一个脚印走出了一条厚植生态的富民增收之路。

一 基本做法

新建社区按照"打造特色优势、深化建设内涵、实现强村富民"的发展理念，以绿水青山为基础、特色文化为引领、"净零碳"为路径，推进新农村建设和乡村旅游融合发展，将原本破旧的小村庄打造成为"网红村"，走出了一条海岛地区美丽经济新路径。

（一）党建引领，打造美丽经济富民强村

组织引领、干部带头、群众参与，刷新社区颜值。"要想富，先修路"，新建社区党支部筹资20余万元，加上信用社贷款兜底，实施了道路修整、绿化美化、基础设施提升等工程，使村硬件设施不断完善。为了打造宜居环境，社区党支部聚力"美丽升级"，制订村庄可持续发展规划，细化干事清单，党员干部参与农房改造、山体覆绿、道路建设等工程，持续强化生态硬实力。在党支部书记余金红带领下，村里的党员干部积极探索实践"组织引领、干部带头、群众参与"的工作模式，发起了一场保护环境、改变村貌的生态革命。在社区党支部和村干部的宣传引导和组织发动下，全

社区居民自发主动参与到硬化村道、清理垃圾、拆除养猪场、迁移露天粪缸等人居环境改造、基础设施建设中，不断刷新新建村"颜值"，村民的生活也愈加舒适惬意。

党建引领，推动全体居民共享美丽乡村发展红利。党组织建立"村+企业+农户"的利益共享机制，通过党组织牵头，引入社会资本，号召村民入股，成立舟山市定海新建生态村开发建设有限公司，将海岛文化、乡愁因子融入到新建村绿水青山的底色中；党员经营户带头发展休闲咖啡吧、文创产品、"她创"集市等项目，辐射带动村民创业就业，推动全体村民共享美丽乡村发展红利。

建立机制，提升党组织战斗力。要发展，党组织的战斗力是关键。定海区坚持抓人促事，用好考核激励指挥棒，创新实施"共富双考双评"机制，以"发展村级集体经济能力"为重要指标，健全评价体系，推出村级集体经济发展红蓝榜，分类定档给予资金奖励，打破村干部晋升天花板，有效破解"干好干坏一个样"的局面。在党委激励机制的引导下，乡村发展势头强劲，基层干部干事创业激情高涨。

（二）守护"两山"，探索零碳生活典范

守住绿水青山，才能把绿水青山变成金山银山，实现村兴民富。新建社区在发展过程中践行两山理念，坚持"一棵树也不能砍，一座山也不能挖"。在发展民宿产业时，就曾有民宿建设为"树"让路的故事。为了不移树，设计者转变思路，将房间侧边窗户面积扩大一倍，既保留了原有树木，也保证了采光。除了护绿，还有治水。大溪坑，悠悠潺潺，穿村而过。水沿着地形自上而下呈阶梯状，流经生态泳池、池塘、溪坑、农户，最终经污水处理站净化，再用于灌溉，以达到减缓水流流速、增加水体含氧量、美化河道景观的目的。污水处理站每小时能处理10吨污水，旺季24小时不停歇。

在新建社区,"净零碳"是人居环境整治的主要手段和方向。"净零碳"又被称为"碳中和",指的是通过节能减排、产业调整、植树造林等形式抵消人类活动产生的二氧化碳,最终达到"净零排放"的目的。加强土地、水系等空间资源的集成利用,严格控制建筑规模和开发强度,形成"村在山谷中、水从村中过"的良好生态布局。南洞民宿的建设过程中,所使用的木头多为本地闲置的老木头。民宿还装有排风热回收机组,可以回收排到室外的空气中的能量,最大程度减少夏季或者冬季室内的冷、热源损失。"净零碳"规划列举了几项基本原则,如建立气候与碳排放数据清单;将开发建设集中在混合用途节点周边,使至少50%居住区实现四类设施15分钟内步行到达;减少建筑供热与制冷的碳排放;选取就地取材的传统建筑材料减少隐含碳排放等。新建社区发展清洁能源,在存量农房屋顶安装光伏设备,为村里景观设施、电动车等提供清洁能源供电。20年来,新建社区历任党支部书记从带领村民种果木林、改善村里环境开始,到如今推广"排碳零增长,固废零倾倒"的"无废乡村"模式,从"不砍树换钱"到变"树让屋"为"屋让树",再到治水美溪,如今"守住绿水青山"的理念已根植于新建社区居民的心中,一代又一代的新建人正锲而不舍,久久为功,把绿水青山建得更美。

(三)文化赋能,提升生态艺术品位

美不美,既要看"颜值",更要看"气质"。社区书记带领队伍到杭州、宁波等地取经学习。围绕"打造优美生态环境、弘扬悠久传统文化、营造休闲生活方式"目标,提升绿水青山的文化内涵,让"土味"乡村融入艺术气息,着力培育和打造具有文化品位的旅游名村。

新建社区持续汇聚乡贤、人才力量,传承本土传统文化基因,深入挖掘传统民俗文化、海洋文化、戏剧文化等资源,火车广场、渔民画创作室、群岛艺术馆、网红书屋等一个个特色景点逐步兴起,小山村更有

活力、更显时尚、更富文化。在民房外立面中融入舟山民俗文化，打造全国规模最大的农渔俗主题壁画村，累计完成42栋房屋墙面改造，总面积9000平方米，壁画内容丰富，有农事劳作、节庆民俗、海洋文化及渔家生活场景，也有花鸟鱼虫、戏曲脸谱、神话故事等内容；邀请高校教授创办了群众艺术创作中心，组织喜好绘画的村民进行渔民画、刻纸、手工布艺、石头画等技艺培训；与中国美术学院等30余家艺术院校、13家文艺单位建立长期合作关系，建立艺术类写生基地，让大学生到此采风写生，丰富村庄文艺气息；将休闲旅游与研学相结合，引进曾接送我国研制"两弹一星"科研人员的功勋专列，在功勋专列上学习航空航天知识，在乡村艺术馆体验渔民画创作；社区党支部串点成线，开拓研学市场，与高校、区文旅局开展党建联建，打造了一条集红色研学、民俗体验、文艺创作等于一体的文化专列。新建社区吸引了大量的研学团队和采风人员打卡，村庄文化内涵得到推升的同时，影响力进一步扩散。8年累计接待研学团队900余批次、采风人员8万余人次，为村民创收5000余万元。

（四）业态融合，奔向绿色共富路

村庄面貌焕然一新，农民生活越过越好。新建社区思考探索丰富业态布局，积极开发"农房+"多元业态，引导农房变景点、闲置房变创作室、空心村变度假村，延伸农房产业链，使更多百姓分享绿色经济红利，奔向绿色共富路。在旅游业方面，建设形成集种植、采摘、科普体验、休闲游乐、技术推广于一体的绿色生态果蔬基地，实现特色休闲旅游与传统种植业高效融合，举办了油菜花节、"神行定海山"全国徒步大会、东海自驾游、"晚风市集"音乐节等活动，同时建设户外拓展基地、仙踪林营地等，持续打造以研学拓展为主、生态休闲为辅的旅游项目。

在餐饮住宿业方面，新建社区瞄准民宿行业发展机遇，盘活闲置农房、宅基地，统一样式实施32幢民宿"零碳"精品化改造，打造住宿、餐饮一体化服务，培育农家乐40家，休闲的咖啡馆和书店等应有尽有。

在文化产业方面，新建社区创办了群众艺术创作中心，成立了民间艺术创作团队，集聚了全市渔民画创作、销售资源，引进了红钳蟹文化发展有限公司等本土文化企业，打造了群岛美术馆，研发渔民画等海洋文化衍生品10余种。如今的新建村不仅吸引了五湖四海游客的目光，也让返乡创业者们的"钱袋子"鼓了起来。年轻人回乡创业，又给村庄带来了活力，丰富了村里的旅游业态。

二 成效经验

（一）走出一条绿色共富路，有效实现居民致富增收

20年前的新建村村民生活艰难，人均年收入仅4600多元。留在村里的村民大部分靠土中刨食度日，村集体不仅没什么存款，还欠账4万多元，村干部几个月发不出工资。而如今村民们的腰杆挺直了，村强民富的梦想正在实现。2022年，新建村游客量达43万人次，旅游收入3600万元，经济总收入7350万元，村民通过多种休闲业态同步跟进，从乡村旅游经济中获益，人均年纯收入达4.6万元，20年来增长超10倍。

（二）吸引文化人才下乡、外出劳动力回乡，促进乡村振兴

随着新建村产业越来越丰富，经济效益逐步增加，人们发现了商机，村里越来越多的年轻人选择回归，越来越多的外出劳动力回流创业就业，开办农家乐，开办公司，进一步夯实新建村全面乡村振兴、走向共同富裕的基础。

(三)兼顾生态保护与经济发展，推动绿色产业

促进生态和经济发展良性循环，依靠内生动力促进乡村绿富的路子越走越宽。数据显示，新建社区"负氧离子数768个/cm³""PM2.5浓度12.43μg/m³"。生态产品价值持续"变现"，变现的经济收入又为维护生态保护提供基本资金支持，进而形成良性循环。如今"守住绿水青山"的理念已根植于新建社区村民的心中，一代又一代的新建人正锲而不舍，久久为功，把绿水青山建得更美。而这些生态资源转化为生态资本、生态优势转化为经济优势，使新建社区走出了一条厚植生态的乡村振兴之路。

三 案例启示

(一)绿水青山就是金山银山

新建社区从一个偏僻落后的乡村蝶变为一幅村美民富产业兴的图景，正是因为其坚持践行"绿水青山就是金山银山"的发展理念，以绿水青山为基础、特色文化为引领、"净零碳"为路径，推进新农村建设和乡村旅游融合发展，围绕"乡村+田园+生态+文化"的发展方向，持续推进低碳旅游、低碳生活方式，走出了一条独具"新建"特色的绿色共富路。

(二)党建引领赋能美丽经济

新建社区的华丽转变离不开基层党支部书记和优质的党员干部队伍的带头引领。能干事、会干事、干成事的工作氛围，一批具有专业知识、文化程度高、群众威望高、为民造福的社区党员干部是富民强村的基石。党组织始终坚持绿色发展理念不动摇，深挖人文和生态资源禀赋，谋求村兴民富的发展之路。为村筹集资金改善基础设施、联系乡贤、引进项目、制作村庄发展规划、细化干事清单、组织动员群众农房改造和山体覆绿、成

立公司、带头经营新业态等，每一个组织化行为的关键环节都是党建赋能的结果。

（三）激发内生动力实现百姓共富

发展的最终目的是增进民生福祉，促进共同富裕。新建社区村民分享绿色发展成果，反过来会激发内在动机进一步做好生态保护，因此生态保护、经济发展、居民增收之间便形成了良性循环。要想实现生态保护与经济发展之间的良性循环，要以百姓民生福祉的改善作为重要的中介环节。百姓富起来了，参与公共事务的积极性高了，社区发展就有了内在根基。新建社区目前共组建了7支红色志愿服务队，积极参与村容村貌整治、农特产品推介、矛盾纠纷调解等事项。这些热心的村民还在"网格议事亭"中出谋划策，协助村"两委"解决村民急难愁盼的"关键小事"200余件，实现了从"站着看""跟着干"到"自觉干"的转变。

案例点评

美丽乡村打造美丽经济，良好生态环境是农村最大优势和宝贵财富。新建社区坚持"绿水青山就是金山银山"的绿色发展理念，坚持在生态振兴中寻找发展机遇，将生态优势变成经济优势，同时兼顾了低碳环保、经济发展和民生改善，比较有效地协调了保护与开发，形成互相促进的良性循环，走出了一条绿色富民之路。新建社区实践表明，生态优势就是发展优势，乡村生态环境好了，土地上可以长出"金元宝"，生态也能变成"摇钱树"，乡村也可以变成"聚宝盆"。

绿水青山作为生态环境是公共物品，很难通过群众自觉得到保护，因此要充分发挥基层党组织的战斗堡垒作用和共产党员先锋模范作用，率先垂范、凝心聚力，让可持续发展理念和生态保护意识深入人心，引导所有成员形成走生态振兴道路的共识。新建社区党员干部积极探索实践"组织引领、干部带头、群众参与"的工作模式，组织建立"村+企业+农户"的利益共享机制，引入社会资本，号召村民入股，才能实现运用美丽乡村打造美丽经济。

美丽经济不能仅仅依托于生态资源，要融合多种业态延伸产业链，提升产业附加值。新建社区不仅要以绿水青山为基础，还要以特色文化为引领、与旅游餐饮民俗等多产业融合发展，着眼于未来"净零碳"的生活方式，才能实现乡村振兴发展新模式。

08 党员"一点红"汇成社区"党旗红"
河北省唐山市路北区机场路街道祥富里社区

唐山是一座具有百年历史的沿海重工业城市，有"中国近代工业的摇篮"和"北方瓷都"的美誉。然而，1976年的大地震却对唐山产生了极其惨烈的影响，随后发生的两次余震又在很大程度上加重了唐山的人员伤亡和经济损失。唐山市的设施基础几乎被摧毁，城市发展也陷入中断。1979年下半年开始，唐山市开展了大规模的重建工作，1986年恢复建设基本完成，唐山经济也开始进入快速发展的阶段。

祥富里社区位于唐山市的中心城区——路北区，是唐山市震后第一批安居工程，始建于1996年。社区总面积约0.5平方千米，有住宅楼89栋，共有居民4500余户、1.4万余人。祥富里社区面临的问题主要集中在三个方面：从基础设施建设上看，祥富里社区房屋普遍老旧，存在一定的安全隐患，老旧小区在管理上的共性问题在这里集中存在，社区内缺乏可供居民活动的公共空间和场所。从居民情况上看，由于唐山市城市社区建设的起步较晚，居民的社区意识较弱。社区居民普遍缺乏对社区的了解和认知，自治的观念和能力很低，对于社区工作者也有着排斥和不信任感，这给社区参与度的提升以及社区工作的开展造成了一定困难。从居民诉求上看，社区居民对于社区治理和服务的需求存在多样性。提高生活环境质量是社区居民的普遍需求，满足基本生活需求是社区特殊群体的迫切需要，充实精神文化生活则是社区老年群体的期盼。

在这样的背景下，祥富里社区书记陈林静探索出一套社区党建工作方法，用红色教育活动凝聚民心、用传统节庆活动和谐邻里、用群众文体活动激发活力、用文明创建活动美化家园，并最终形成了"五化"目标，把社区打造成幸福家园。

2016年7月28日，在纪念唐山抗震40周年之际，习近平总书记来到唐山市进行考察调研。在祥富里社区，习近平总书记指出，社区是党和政府联系、服务居民群众的"最后一公里"，要健全社区管理和服务体制，整合各种资源，增强社区公共服务能力。社区工作要时时处处贯彻党的宗旨，让党的旗帜在社区群众心目中高高飘扬，让社区广大党员在服务群众中充分发挥作用、展示良好形象。以此为契机，祥富里社区围绕"发展抓党建，党建促发展"，优化服务为居民，强化社区党总支的政治功能、拓展服务平台、提升服务水平，通过"五化"聚力，使社区党委联系群众和服务群众的"最后一公里"更加畅通，全面提升社区服务的能力和效果。

一 基本做法

祥富里社区通过"五化聚力"，实现社区红色文化的凝聚，使社区党委联系群众和服务群众的"最后一公里"更加畅通。通过逐渐丰富并完善社区的服务体系，把社区打造成红色的幸福家园。

（一）完善机构设置，实现社区组织科学化

祥富里社区建立了"横向到边、纵向到底"的社区服务网络体系。在纵向上，对楼栋重新组合，建立健全"社区党总支→楼栋党支部→楼门党小组→党员责任区→党员责任岗"的五级组织网络。在横向上，根据驻区

单位的行业性质进行分类，建立行业党支部，并选拔有特长、专长的党员任党建指导员。与河北路房管所、祥丰道派出所等共建单位开展共治、共建、共享服务，形成覆盖全社区的"点站结合、立体覆盖、全面包容"的红色服务网络体系。

以红色服务网络平台为依托，注重社区党建服务的现实性和问题导向。祥富里社区通过定期开展社区党总支、社区居委会、业主委员会、楼门长、社区综合服务站、物业公司"六位一体"联席会议的方式，解决居民关心的热点、难点问题。坚持每个月召开一次民情恳谈会、每季度召开一次事务协调会、每半年召开一次民主评议会，每年底召开一次总结大会，全方位、多角度服务居民，"访民情、惠民生、聚民心、解民忧"，真正实现共建、共治、共驻、共享。

（二）建设党员魅力工程，实现社区建设和谐化

祥富里社区注重党员作用的发挥，通过"一点红"凝聚起社区的红色力量。

1.动员发挥党员作用。通过"给关怀、压担子"，让党员"亮身份、明责任"，以党员的"一点红"汇聚成"党旗红"，从而实现社区服务能力的提升。通过走访、沟通的形式，与社区党员建立起联系并熟悉起来，从而获得社区党员的信任和认可。通过学习、咨询的形式，向社区党员学习经验、听取建议、接受他们的意见和监督，从而在提升自身工作能力的同时，激发党员参与社区事务的积极性和主动性。

2.以特色活动的载体，调动社区党员的积极性。通过以党员为主要成员的"同心圆志愿服务队"和"我是党员我先行"等形式和活动，吸引社区党员参与社区活动；通过"创先争优党员星级评比"活动评选星级党员，全面提升社区党员志愿服务的能力和服务质量，也在社区中建立了"有困难找党员"的意识；通过推进"在职党员进社区"，促进为民服务的力量

凝聚从而使党员在社区建设实践中作出贡献，带动社区群众居民加入社区建设。

3. 创新成立"365党员工作室"。为深刻落实习近平总书记"让社区广大党员在服务群众中充分发挥作用、展示良好形象"的指示精神，祥富里社区以"365党员工作室"平台为依托，社区增设了党员代理服务项目，365天都有党员志愿者值班，为行动不便或工作忙碌的居民代办事项或者提供服务。在"365党员工作室"的基础上，设立"党员点将台"，公布党员志愿者代理服务项目的信息，使居民可以根据需要选择党员志愿者为其提供服务，实现服务的精细化。

（三）细化服务内容，实现社区服务多元化

祥富里社区针对居民人口构成的特点和多样化、个性化需求，创新体制机制、精细服务内容。通过打造"家门口的政务超市""谏言议事中心""情感交流中心""消费维权中心"等形式，创新服务体制机制；并通过"民情收集—限期办理—结果反馈—跟踪监督"的"民情流水线"运行机制，全面保证社区服务效果。与此同时，针对社区特殊群体开展有针对性的帮扶。通过党员引领、资源联动，给予社区特殊群体尊重与理解，在社区中树立起关心帮扶特殊群体、弱势群体的风气；深入了解政策，通过惠民政策的实践帮助社区内的特殊群体、困难人群，使其树立起对社区和党组织的信任；发现问题的根源，帮助他们尽快摆脱其"特殊"的身份，走出困境。

（四）丰富文体活动，展现社区文体多样化

祥富里社区以建设"书香社区、文化家园"为主题，推动文化阵地建设，开展多样性社区文化活动。一是推动社区文化阵地建设，以宣传主旋律、弘扬正能量为目标，不断完善社区公共文化服务体系，打造特色文化

阵地。二是开展社区文体活动，深入宣传社会主义核心价值观、广泛弘扬中华优秀传统文化，让社区居民在潜移默化中受到教育，提高文明素养。三是创新社区红色教育模式，把党性教育融入社区文化，使思想政治教育深入党员和居民心中。在提升社区工作者和居民党员政治素养和服务能力的同时，推动习近平新时代中国特色社会主义思想在基层落地生根，开花结果。

（五）强化素质建设，实现社区教育普及化

祥富里社区以市民学校为中心，道德讲堂为载体，通过学习平台的打造，既能够提升社区党员工作者的党性和服务能力，也能够为社区党员提供学习的平台和交流的机会，并在社区内形成读书学习之风、邻里互助之风、低碳节俭之风、孝老爱亲之风，全面促进社区居民素质的提高。

通过先后在社区开设搭建"红色讲堂""红色沙龙""党员加油站""拾秋诗社"等平台，社区党员有了学习充电的基地，党性素质不断提升。2019年5月，祥富里社区在机场路街道党工委的指导下，成立了"林静课堂"，由社区"两委"班子和党员志愿者组成讲师团，通过"党性教育+技能教育"的"双育"模式，对社区党员开展教育培训，促进学习素质和业务水平的提升。通过不断创新实践，因人施教、因地施教，陈林静也打造出一套完备丰富的"356"党性教育工作法，实现把基层社区党组织建设成为宣传党的主张、贯彻党的决定、领导基层治理、团结动员群众、推动改革发展的坚强战斗堡垒。

二 成效经验

祥富里社区以社区党建为核心，着力实现社区组织科学化、社区建设和谐化、社区服务多元化、社区文体多样化、社区教育普及化的综合建设，

不仅通过各种资源的高效整合增强了社区公共服务能力，同时也通过"一点红"带动实现"党旗红"，让党的旗帜在社区群众心目中高高飘扬。

通过将社区内的党员发动起来，不仅是中国共产党优良传统和政治优势在社区的集中呈现，更是推动"五化聚力"的力量源泉。社区党员对自己的身份都能有明确的定位，能够"怀揣一颗红心，练就一身本领，传承一代精神，弘扬一番正气，承担一份责任，不辱一身使命"，通过"党员我先行""党员服务365"等方法，社区服务不仅更具实效，同时也将党的温暖带进居民心中。

通过网络化、系统化和流程化建设，祥富里社区实现了社区党建服务的全方位和制度化，使得了解民意的渠道畅通了起来，群众参与社区建设的意愿也被激发了起来，从而社区建设真正实现了"为群众创建，靠群众创建，创建群众由群众共享"，不仅完善了社区的服务体系，也加强了对社区服务质量的保障。在搭建科学化的组织网络的基础上，祥富里社区党建工作的方法和机制，不仅增大了社区党组织覆盖的范围，同时也提升了社区党组织服务的深度。在优化组织设置、科学分类指导、全方位整合的社区党建模式下，社区党建服务具有了扎实的基础。

社区丰富文体活动和教育活动不仅回应了社区居民的诉求，丰富了居民的精神文化生活，也极大提升了居民的社区参与意愿和参与效果，社区的凝聚力不断增强。多种文体形式和教育阵地也是习近平新时代中国特色社会主义思想宣传的重要阵地，这不仅是提升居民精神文化生活和文明素养的重要方法，也是党的宗旨深入民心的重要过程。

三 案例启示

社会学者帕森斯从结构功能主义的视角，提出了"A—G—I—L"社会系统理论框架。在这一框架中，社会系统或社会结构的功能包括四个维度：适应，即社会系统对环境的适应；目标达到，即社会系统确立总目标的功能；整合，即协调社会系统各组成部分，使它们达到某种程度的团结而开展有效的合作；潜在的模式维持，即根据某些规范与原则，维持系统行动秩序与活动方式连续性的功能。祥富里社区以五化聚力，从"一点红"到"党旗红"的社区工作方法，实质上也是从适应、目标达到、整合和潜在的模式维持四个维度入手，以实现社区系统的功能。

1.完善机构设置，深化综合治理，以实现社区组织科学化、社区建设和谐化，其实质是社区系统对社区客观环境、人文环境的响应和改造。在明确社区基本情况，全面了解居民诉求的基础上，通过党建系统的覆盖和党建模式的创新形成合力，以此实现维持社区存续的资源与能量，为社区的建设和发展奠定基础。

2.以党建引领下的社区服务为导向，细化服务内容，实现社区服务多元化，旨在通过对目标的设定，明确社会成员活动的指向性，即为社区工作者以及社区建设指明方向。仅有适应改造，社会系统的运行就是无方向的；仅有目标而没有适应过程，社会系统的运行将会陷入失效。因此，必须将二者结合起来，才能够确保社区系统的适应改造是有效的，并推动社区的整体发展。

3.针对社区人口构成的特点，秉持"弱势群体不掉队"的理念，将社区的老年人群体、青少年群体、特殊群体等都纳入到社区中来，是实现社区系统整合的关键。只有将社区中的多元要素都整合进社区系统中，才能够达到团结、形成有效合作；只有将情感要素注入社区系统，才会克服功利冲突的弊端，从而使社区系统走向稳定。

4.丰富文体活动，强化素质建设，实现社区教育普及化，是一种维持社区系统长效运转的保障机制。这样做的本质是通过多样化的形式，潜移默化地将社区观念和秩序以一种稳定的形式确定下来，避免社会成员活动的动态性造成社区系统运行的间断，通过社区文化和精神文明建设，社区系统中成员逐渐形成共同体价值观，继而结成"集体意识"，这对于社区系统的深化整合以及持续发展是至关重要的。

案例点评

在新时代的背景下，构建基层社会治理新格局，推进城市基层治理现代化，需要推动社会治理和服务重心向基层下移，健全党组织领导的自治、法治、德治相结合的基层治理体系，健全社区管理和服务机制，更好提供精准化、精细化的服务。祥富里社区从社区组织科学化、社区建设和谐化、社区服务多元化、社区文体多样化和社区教育普及化五个维度入手，以网络化、系统化、模式化的方式，推动社区党建服务体系建设和创新发展，全面提升社区治理和服务水平。通过社区文体活动和文化阵地建设，丰富居民的精神文化需求、提升居民的精神文明素质，把祥富里社区打造成为文明和谐家园的同时，也使社区成为红色阵地。这种方法和模式对于城市基层社区治理具有重要的借鉴意义。

三治一服：党建引领工业棚户社区治理创新

09

湖北省武汉市青和居社区

20世纪50年代，特大型钢铁联合企业——武钢落户湖北省武汉市青山区，来自四面八方的建设者逐渐聚居成区。青山区青和居社区在2015年完成了棚户区改造项目，共有19栋5235户居民搬进了新居，是武汉市最大的公租房小区之一。小区的居民，85%是棚改回迁户和公租房租赁者，15%是新市民、青年人和大学毕业生。流动人口多，高龄老年人和困难家庭多。在改造过程中，社区陆续安装了高空探头、监控系统、人脸识别门禁系统、智慧电梯设备，并新建了300多个电动车停车位，解决了居民一系列的急难愁盼问题。这些措施提高了居民的幸福指数，使得社区环境得到了显著改善。青和居社区通过棚户区改造项目，实现了从贫困落后的居住环境到现代化住宅小区的转变，极大地提升了居民的生活质量和幸福感。

2018年4月26日上午，习近平总书记在武汉市青山区工人村街青和居社区考察棚户区项目建设和居民生活情况时指出："社区是基层基础。只有基础坚固，国家大厦才能稳固。"

一 基本做法

社区建立共建共治共享的社区"三共"模式,发起"天天敲门组"志愿服务项目,以党建为引领,充分发挥党组织和党员先锋作用,整合辖区资源,解决社区治理的难题。

(一)党建引领,参与治理

该社区通过与省国安办、市检察院等9家单位建立结对联系,将党的领导职能资源、服务力量下沉到社区,参与基层治理,构建党组织统筹下的目标上同向、行动上同行的区域化党建大联盟。居住地报到党员40余名,社区直管党员人数从50余人增长到130人。社区党组织有了凝聚力,吸引越来越多的党员主动亮身份、亮行动、亮示范,推动了党员干部下沉社区的常态化、长效化实践。

(二)走访调研,倾听需求

社区充分发动房管员、楼管员、社区医生、民警、下沉党员等力量,由楼栋党支部书记或网格员担任组长,组建"天天敲门组",重点对高龄孤寡老人等群体进行常态化走访。

(三)居民为主,共治共享

社区在每栋楼搭建"楼栋议事会"平台,让居民心事有处说、难事有处提。楼栋党支部书记每月召开楼栋议事会,大家反映问题需求,商讨解决方法。该做法吸引越来越多社区居民加入楼栋自治队伍,从旁观者变成参与者。让居民"站C位",坚持共建共治共享,发动群众改善社区人居环境，构建和谐社群关系。通过上下联动，让资源得到有效整合，为社区的建设和发展提供强大的推动力。

（四）线上线下，排忧解难

社区组建网格微信群后，"天天敲门组"不仅面对面上门敲，更是通过微信群实现线上"敲门"，在微信群里直接掌握群众问题，为群众答疑解惑、排忧解难。

二 成效经验

面对社区困难群体多、外来人口多、矛盾纠纷多、治理难题多的挑战，青和居社区党组织把党的领导贯穿社区自治、法治、德治和服务群众全过程，构建"三治一服务"体系，以有温度的党建引领有成效的治理。

（一）以社区大党委为"龙头"，构建区域化的组织体系

1.扩大组织覆盖面，打造多机制多方联动共建的物业管理模式。物业服务企业、三新组织等是社区治理的重要力量，在为民便民服务中发挥着重要作用。青和居社区实现物业服务企业、三新组织等党的组织和工作全覆盖，有效提升物业服务管理水平，为广大居民安居乐业创造更多福祉。

2.构建社区党组织协调联动机制，实现治理力量同频共振、同向发力。青和居社区联合辖区内的企事业单位、物业公司以及社会组织党组织，共同组织成立社区大党委。建强"社区大党委—片区党总支—楼栋党支部—党员中心户"组织架构，选优配强15名楼栋支部书记，为163户党员家庭挂牌，充分发挥支部战斗堡垒作用和党员先锋模范带头作用，推动党的组织和工作纵向到底。完善大党委运行机制，凝聚下沉单位、共建单位、小区物业、运营公司、社会组织合力，通过组织联建、阵地联用、学习联抓、

活动联办、难题联解，推动党的引领横向到边。

3.创新组织活动方式，探索开放式组织生活，全面落实为人民服务。为了加强党的组织建设和提升党员的政治素养，采取创新性的措施，将不同支部的党员组织在一起，形成一个临时但高效的联合学习小组。这一举措促进党员之间的交流与互动，共同学习习近平总书记系列重要讲话精神，并商议社区的重要事务。

（二）以领导"三治"为重点，构建立体化的治理体系

1.探索"敲门十八法"，形成居民自治新秩序。进门入户，了解居民的需求和关切。引领社区居民组建"友好楼栋"议事会、"社区我的家"恳谈会等自治平台，让居民共同参与制定和执行相关规范。在议事会上，邀请居民代表、物业公司等各方参与，共同讨论制订高空抛物的处罚措施和宣传教育计划。成功引导居民认识到高空抛物的危害性，改变高空抛物等坏习惯与解决"十乱"等问题。

2.开辟社区"顺顺吧"，促进法治引领共建。为了深化社区法治建设，精心策划并实施一项创新的社区服务计划。这项计划旨在通过组织法官、警官、律师和党员骨干轮流值班，将法治思维和法治精神融入居民的日常生活中，从而帮助居民解决矛盾纠纷，顺心顺气，共同营造和谐法治的新气象。

（三）以做实"六类服务"为基础，构建精细化的服务体系

1.依托信息平台，形成工作模式，健全"四全机制"。为了进一步提升社区治理的精细化和高效化，社区依托先进的网格化服务信息平台，精心构建并健全了"四全机制"。这一机制旨在确保工作力量全面进入社区，群众需求得到全面收集，问题得到分类分级全解决，同时服务过程接受全程评价，从而打造出一个更加和谐、有序、高效的社区环境。

2.组织多方力量，对接服务需求，做好六类服务。这六类服务分别是：优化政务服务，线上线下相结合，实现"预约在网上、代办在网格、服务在社区"；精细化调研居民生活需求，针对性提升居民生活服务；打造"红色物业"，党建引领物业服务创新；延伸法律服务，组建专业团队，开展法务代办；丰富文体服务，组建文体活动团队，定期开展活动；组织进行"温暖进社区"活动，做好关爱服务。

三 案例启示

湖北省武汉市青和居社区的治理经验，给我们带来了多方面的经验启示。

（一）社区治理要遵循以人为本的理念

青和居社区治理始终坚持人民至上的原则，把居民的需求和满意度放在首位。青和居社区通过科学的数据分析和调研，精准识别居民的需求和问题，从而制定有效的治理策略。这启示我们：在任何治理过程中，都应该将人的需求作为出发点和落脚点。

（二）社区治理应追求和谐共治的状态

社区治理是一个复杂的系统工程，需要综合考虑政治、经济、文化、社会、生态等多个需求，不能顾此失彼，也不能急于求成。社区治理需要党委、政府、居民、社会组织等多方参与，共同协作。各方应在立足各自的治理责任，共同为社区的繁荣稳定贡献力量。青和居社区治理强调居民的主体地位，鼓励居民积极参与社区治理，形成了共建共治共享的良好局面。这启示我们，在治理过程中要充分调动居民的积极性、主动性和创造性，形成共建共治共享的治理格局。

（三）社区治理需注重文化品牌的打造

青和居社区在治理过程中注重传承和弘扬本土文化，同时积极吸收和借鉴外来文化的优秀元素，实现了文化的传承与融合。社区通过居民自荐、邻里互荐、小区推荐等方式，评选百名"五好青和居人"，引领居民争当"好当家""好街坊""好员工""好学生""好市民"，让好家风好民风好社风蔚然成风。这些文化品牌的确立，使得青和居社区居民感受到积极变化，无形中又促进了社区治理的良性运行。

（四）社区治理靠真抓实干来服务群众

实践是检验真理的唯一标准，只有在实践中不断摸索、尝试和修正，才能找到最适合的治理方法。青和居社区的治理经验是在长期的实践中积累和总结出来的。这启示我们，在治理工作中要勇于实践，敢于创新，不断推动治理体系和治理能力现代化。

湖北省武汉市青和居社区的治理经验为我们提供了丰富的启示。这些启示不仅对于社区治理具有重要的指导意义，也对于其他领域的治理具有借鉴意义。我们应该深入学习青和居社区的治理经验，不断推动治理体系和治理能力现代化，为实现社会的和谐稳定和人民的幸福安康作出更大的贡献。

案例点评

习近平总书记在武汉市青和居社区的考察，是一次基于对基层社区治理和民生改善工作的高度关注而进行的深入调研。首先，习近平总书记的考察是对青和居社区工作的极大鼓舞和肯定。青和居社区作为华中地区最大的棚改回迁片区，其改造成果和居民生活状况直接反映了党和政府在改善民生、推进城市化进程中的成效。习近平总书记的到来，不仅让社区居民感受到了党和国家的关怀，也激发了他们继续投身社区建设、共创美好生活的热情。习近平总书记还提出了一系列加强社区治理的具体要求，如加强社区党组织建设、提升社区服务能力、推动居民自治等，为基层社区治理创新提供了方向和指导。习近平总书记的考察也彰显了中国共产党坚持以人民为中心的发展思想。他深入社区、走访居民，了解群众的生活状况和需求，听取群众的意见和建议。这种亲民、务实的作风，不仅拉近了党与人民群众的距离，也增强了人民群众对党的信任和拥护。同时，习近平总书记还强调，为民的事无小事，大量工作都在基层。这要求广大党员干部要深入基层、深入群众，了解他们的所思所想所盼，切实解决他们的实际问题。

展望未来，我们期待更多的领导干部深入基层、了解民情、关注民生，推动基层社区治理创新和民生改善工作不断取得新的成就。同时，我们也相信在党和政府的坚强领导下，我国的社区治理体系将更加完善，人民群众的获得感、幸福感、安全感将得到更为充实的保障。

10 "软硬"结合　社区智慧终端惠民生

山东省青岛市李沧区上流佳苑社区

2018年6月12日,习近平总书记来到青岛市李沧区上流佳苑社区。在社区市民中心,他听取青岛市城市发展规划建设和旧城风貌保护情况汇报,察看村史馆内旧村老屋复原场景,了解社区实施旧城改造、加强基层党建以及居民生活变化情况。他强调,要推动社会治理重心向基层下移,把更多资源、服务、管理放到社区,更好地为社区居民提供精准化、精细化服务。

上流佳苑社区隶属山东省青岛市李沧区世园街道,前身为李家上流村,因地处青岛主城区最大水系李村河的上游而得名。2016年由"村改居"社区体制转变为城市社区体制,更名为上流佳苑,并成立了社区党委。社区居民2421户,5100余人,其中党员101名。近年来,社区党委将抓集体经济反哺社区经验和抓"共同体"建设提升治理效能经验有机融合,探索党建引领共建共治共享的社区治理新模式,先后获得"全国先进基层群众性自治组织""山东省先进基层党组织""全国民主法治示范社区""山东省优秀残疾人之家""山东省文明社区""山东省文化先进社区"等荣誉称号,社区党委先后获得"齐鲁先锋基层党组织""岛城先锋创先争优先进基层党组织"等荣誉称号。2023年,青岛市李沧区推动建设35个智慧社区,其中上流佳苑社区成功获评山东省首批标杆型智慧社区。

一 基本做法

近年来，李沧区牢固树立新发展理念，依托总投资1.84亿元智慧城市建设项目，强化智慧社区建设统筹力度，以社区"智"理惠民生，以精细服务暖民心。上流佳苑社区作为李沧区智慧社区建设的样板，是青岛市第一批引入智能终端系统的智慧社区。从2015年开始，上流佳苑社区建设智慧社区频道，搭建了政务信息发布、平安社区管理等多个功能板块。此后，将数字技术与社区治理深度融合，围绕安全、养老、救助等重点服务场景，先后建设了多类型监控类设备256套、人脸门禁系统111套、车辆道闸系统6套、智能垃圾分类系统37套、可视对讲系统1088套，研发了面部识别无感通行、智能垃圾分类、智能井盖报警、高空抛物监测、独居老人一键报警等多个功能板块，"软硬"结合组成了整个上流佳苑的社区智慧终端，大量智能元素的汇入解决了许多社区管理痛点。通过构建精细管理"智慧网"，打造科技安防"新高地"，让社区居民享受更加便捷、智慧的数字生活，构建社区智慧治理新模式。

自2022年8月，国家住房和城乡建设部、工业和信息化部联合发布《关于开展数字家庭建设试点工作的通知》以来，李沧区结合社区不同情况，以数字科技赋能社区治理，从居民的实际需求出发，以开展"智慧社区+未来街区"试点工作为抓手，以上流佳苑社区为试点，通过"一纤带一面，一屏联万家"的建设思路，探索出便民、利民、惠民的数字家庭建设模式，让上流佳苑社区5100多位居民享受到幸福的"智慧生活"。2023年起，上流佳苑社区进行了FTTR的网络改造，实现全屋千兆光纤家庭组网。FTTR方案是双千兆时代下家庭网络的新型覆盖模式，将光纤的网络优势延伸至每一个房间，家中网络终端在每个房间都拥有超千兆网络接入，智能烟感、摄像头、家电等智能化设备无缝切换以实现高品质数字家庭体验。借助中国广电智能机顶盒，给数字家庭增添了一个"神器"。通过创新5G监控、AI语音、数据共享等技术，该平台实现了电视节目观赏以外的远程党建、社会救助、电视订餐购物、老年教育、远程问诊等近60项功能服务，有效打通社区管理和服务的各个感知环节，真正实现居民从"看电视"到"用电视"的转变，为数字家庭赋予了新的内容。

（一）智慧党建严密组织体系，引领社区发展方向

上流佳苑社区依托党员智慧化管理系统，有针对性地开展党员分类管理，强化党组织政治功能和组织功能。纵向强链与横向扩面双管齐下，既严密"社区党委—小区党支部—楼栋党小组—党员中心户"组织链条，发挥党员中心户"关键纽带"作用，实施"1+3+N"党员精准联户机制，推进"动力主轴"一贯到底，又聘任业委会、物业服务企业等组织党员负责人为社区兼职委员，把各类组织凝聚在党的周围、共建议事。同时，设立集体经济组织党组织，延伸组织覆盖，厘清社区抓党建、抓治理、抓服务和集体经济组织抓发展职责边界，强化统筹联动、协同配合。智慧电视服务平台中的"强国TV"可以直接打开学习强国平台页面，支持150人同时在线学习并获得积分，为社区党员集体学习提供了良好载体。线上的智慧学习为线下的社区发展奠定思想基础和行动动力，社区党委以党员为骨干组建起130余人的志愿服务队伍，坚持每月为有需求的独居老人打扫卫生、上门理发，定期维护社区设施；党员群众主动参与服务的热情日益高涨，形成了"李奶奶"绘本阅读班、"邻居教师"暑期托管班等新时代文明实践品牌；社区成立了锣鼓队、太极队、合唱队等多支文化队伍，覆盖社区40%以上人口。针对社区60岁以上半自理、不能自理老人较多的实际，社区专门回购一栋居民楼，配建面积约2300平方米的居家养老中心。中心有床位近百张，通过与社区卫生服务站联动，与专业养老团队合作运营，

实现医生和护士上门服务，为老年人提供高质量的养老服务。

（二）"智慧大脑"掌控社区全局，保障社区平安喜乐

社区物业办公楼内，在智能化系统的"大脑中枢"——监控中心，有个由12块LED屏拼接组成的超大屏幕。工作人员24小时值守在屏幕前，能够实时掌握整个社区的运转情况。AI视频监控对社区内发生的人员聚集、车辆违停、消防通道占用、翻越围墙等隐患事件均可自动识别、推送信息，提醒现场处理。在社区出入口、社区干道、单元门口，布设刷脸门禁、车辆道闸、人脸监控摄像机，这些感知前端能够实时记录出入小区的人员、车辆情况，通过打通社区平台与公安平台，让公安部门清晰完整地掌握该社区房屋和居民信息一手资料，为社区治安的精细化管理打下基础。通过数据后台可以实时监测到外来人员进出情况，并根据需要对危险人员的行动轨迹进行刻画和查看；在小区广场，如果发生人员摔倒等紧急情况，小区智慧社区控制中心可以立即获得AI报警信息，小区物业工作人员第一时间就位；公共区域有设置"一键报警"按钮便于呼救，当小区发生聚众斗殴等危险事件时，后台同样能够及时监测并发出预警，让保安第一时间赶到现场。高空抛物智能监控设备可以全天候、全时段实时监控，不仅监控覆盖面广，智能化水平也很突出，能够精确分析高空抛物的轨迹，进而精准追溯到抛物起始位置。如果有人把车停在禁停区域时，违停检测系统也会立即有语音播报提醒尽快驶离。社区为每一户居民都加装了AI视频监控入户系统，不仅具有可视电话、楼道监控功能，还具有人脸识别、一键呼叫等功能。遇到紧急情况，居民往总台（中心）打电话，物业人员立即到位；系统还针对老年人的实际需求，研发了一系列特色模块。比如，社区为独居老人、孤寡老人加装了智慧感知设备，如果连续12小时没有使用过水、电、燃气，社区监控中心就会接到实时报警，还可以将进入家中三日未出门的独居老人筛选出来，系统呼叫若得不到老人回应，社区工作人员

会第一时间上门关怀，确保老人安全。同样，一旦老人陷入危急状况，可以通过一键呼叫功能连接社区监控中心，第一时间得到回应。

（三）"智慧服务"遍及社区居民，催化幸福遍地开花

垃圾分类定点定时投放。2020年5月1日起，上流佳苑社区正式实行垃圾分类定点定时投放，单元门楼下设置了37个智能化垃圾分类投放点，早7点到8点，晚17点半到18点半，每天两次定点投放垃圾。社区组建了垃圾分类志愿队，负责垃圾分类知识宣讲和居民垃圾分类实名制考核，由志愿者和楼长负责对居民的垃圾投放情况进行考核登记。居民可以通过客户端App内环保码、居民环保卡（IC）、垃圾袋二维码等任意方式打开箱门，完成垃圾投放后橱窗自动关闭。一旦发现分类投放错误的行为，管理人员便可根据垃圾袋上的二维码定位到门户，上门进行分类指导。垃圾桶满溢后，物业可以通过智慧社区平台的报警管理模块接收到报警提示，以便工作人员及时清理。社区制定了完善的奖励机制，通过双重奖励（日常奖励+年度奖励、实物奖励+现金奖励）办法，居民最高可以拿到价值100元的实物奖励。小区内还配备了与智能垃圾箱配套的发袋机，为居民智能发放可降解垃圾袋。每卷垃圾袋都有其专属的二维码，居民扫码取袋使用，物业可通过二维码追溯用户，为后期奖惩提供依据。

出入面目识别无感通行。实现居民经行小区大门、单元楼门或地下车库全程"刷脸"直接进入，全程"无感通行"。小区所有大门门岗，均配有访客机，如果有访客到小区，只需刷一下身份证，便可获得一天的访客权限，也能在小区中享受"无感通行"。"刷脸"进入单元门后，电梯将自动降到一楼，开门迎接。电梯内装配人脸识别系统，"刷脸"即可进入，"呼号"即可定位楼层，真正实现进电梯后不用按键、语音无接触式呼梯自动点亮目的楼层，电梯便利居民出行的智能化程度不断提升。

智慧电视服务平台实现了除电视节目以外的近60项功能建设，涵盖了

党建、社会救助、民生服务、就业培训、民意调查、订餐购物、远程问诊、物业安防、社区视频等方方面面，形成了新型的"智慧电视"模式。如在自家电视线上选择并订购便民大食堂的饭菜，就能实现"点餐上门"的免费服务；还能享受社区内助老康养的服务并远程问诊；"一键求助"功能，可以随时联系社区管家，一键报事报修、一键缴费、一键报警，信息直达社区管理人员，菜单中的所有功能选项均可通过电视遥控器数字按键实现"一键直达"。平台内置读书功能，可以实现听与读的双向选择，视觉观感更舒适。当社区居民有临时救助需求时，社区爱心救助委员会可第一时间通过智慧社区电视频道发出募捐倡议，曾有过一天时间就募集善款40余万元，为亟须帮助的家庭送上"救命钱"的事例。

二 成效经验

（一）智慧社区以"民"为出发点

上流佳苑社区党委始终以人民高兴不高兴、满意不满意、答应不答应作为根本标准，走出了一条符合社区实际的村居转型、共同富裕的康庄大道，将上流佳苑社区打造成为"居民的心里有盼头、社区的工作有劲头、对未来的生活有奔头"的幸福宜居社区。智慧社区强调以技术为人服务，直接触达C端用户，为居民提供一个互动的智慧网络。智慧社区建设需要物质支撑。上流佳苑社区党委下设产业党支部，领导集体产业不断发展，让发展成果更好地惠及居民。社区集体经济收入由2018年的7700万元"出发"，连获"新高"——2021年实现集体经济"破亿"，2022年集体经济为10297万元，社区集体资产总值超过30亿元，五年累计投入民生保障2.86亿元，这是上流佳苑社区探索智慧社区建设的基础和底气。社区党委由此探索建立收益回哺社区机制，每年将50%以上收入用于民生，落实红利共享。2015年，社区投资30余万元为居民免费更换高清机顶盒，打造智慧社区频道。2018年以来，陆续投资400多万元着手进行智慧社区的改造升级，创造了安全、舒适、便利、愉悦的社区生活环境，提高了居民生活舒适度、归属感和幸福感，智慧社区初见雏形。

（二）智慧社区以"智"为立足点

上流佳苑社区实现了四个"最"——设备最先进、种类最齐全、部署最严密、功能最强大，能够对社区工作进行精细管理、精准管控、精确溯源，从多种维度为居民提供更安全、更便捷、更宜居的居住体验。系统数据处理能力达到1000万点以上，可满足单个社区或者同一物业公司管理的多个社区的长期规划和运营精细化管理需求。智慧社区管控平台基于日常临停车数据和算法模型，利用大数据分析计算出最优推荐值，科学地设定临停车位数量及临停时长，减少社区内90%以上车辆乱停乱放现象，提高物业管理效率。对社区而言，外来人员的管理一直是个难题，目前大多采取的手段都是人工登记，既浪费时间，也无法确认身份。在上流佳苑社区借助访客登记一体机、青岛一码通城等智能化手段，便捷地实现外来人员进出留痕，同时对人员的轨迹通过平台进行监控，他们的身份信息、行走的路线都能够完整地呈现在系统平台上，一旦发生意外，便可第一时间对其进行精准追踪。

三 案例启示

智慧社区建设是智慧城市建设的重要组成部分，旨在充分利用物联网、云计算、移动互联网等新一代信息通信技术，为社区居民提供安全、舒适、便利的现代化、智慧化生活环境。上流佳苑社区的智慧建设就像用高科技织成了一张"网"，"网"住社区的方方面面，为社区居民带来切实的变化。无论是为住户打造智能安全的生活环境，还是帮助社区提升服务质量和居民满意度，或者是协助公安拓展社区治安管理模式，上流佳苑社区的样板案例都具有示范意义和推广价值。当然，达到这样的效果，离不开小区内智能感知前端设备的建设以及连接公安端与社区端的两级安防平台。前者相当于智安社区的"眼睛和耳朵"，为后台采集信息，向市民提供智能服务；后者相当于社区的"智慧大脑"，把采集到的数据进行挖掘、分析，从而更好地服务于社区管理。用互联网连接社区居民，可以实时掌握事项的动态情况，居民在线上可以表达想法、提出建议，实现24小时沟通无障碍，便民利民服务工作更加到位。

案例点评

社区是人民群众居住和生活的主要空间，社区公共服务的水平，很大程度上影响人民群众对美好生活的获得感。"智慧社区"的根本着眼点是"以民为本"，围绕民生热点和难点，在智能运营管理方面做好顶层规划设计。智慧社区建设不仅能显著提升各项服务的便利度，还能促进社会服务和公共服务的精准化和均等化，助推高品质生活的实现。以数字化、网络化、智能化技术全面赋能社区发展，社区居民可以通过线上的家校互动、社交互动、家政互动、家医互动，享受即用即购、居家康养、居家养老等各种服务。当然，智慧社区建设还有很长的路要走，需进一步精准识别居民需求，主动推进试点示范线性和创新应用建设，在有规范、有标准、可复制的前提下，提出新思路和新举措，提升服务供给。尤其针对社区中的老年人、儿童等不同群体需求，需要对社区现有智慧社区项目进行"适老化""适小化"等改造，提供差异化服务，努力满足大家需求，让百姓生活更方便、更舒适、更智慧。

11 沉陷搬迁小区的民生福祉新高度

辽宁省抚顺市东华园社区

辽宁抚顺是一座因煤而兴的城市，采煤为其带来巨大经济效益。其中，始建于1901年的抚顺西露天矿是亚洲最大露天矿，曾为新中国贡献了8亿多吨优质煤炭。上百年的采煤活动，导致地面沉降、塌陷、裂缝等地质灾害频发，也造成了近74平方千米的采煤沉陷区，相当于抚顺城市建成区面积的一半，危旧房15.84万户。历史遗留工矿废弃地失去了土地的基本使用功能，成为城市的一道"伤疤"。生活于此的人常面临居住条件简陋危险、地势低洼潮湿等问题。为改善居住环境并保障居民生命财产安全，当地党委、政府自2013年起利用46.96亿元国家专项资金和省市自筹资金全面推动抚顺历史上"规模最大、速度最快"的采煤沉陷影响区居民避险搬迁安置工程，共建成6个安置小区，成立于2016年11月的东华园社区是其中之一。东华园社区地理位置优越，南临汇银东第，北临沈吉铁路沿线，东至抚顺市新公交枢纽站，西与澳海澜庭小区一路之隔，鲍家河经园区蜿蜒而过，环境优美，景色宜人。社区占地面积29.96万平方米，建筑面积为63万平方米，周边商业门市203户，住宅楼房74栋（其中高层28栋、多层46栋），可避险搬迁安置6499户，容纳12000余人，现已接纳来自全市4个区、10余个村庄的居民，已配户5293户，入住4600余户、8500余人。

2018年9月28日，习近平总书记因一直牵挂着资源枯竭型城市，惦记着这些城市经济与人民生活,而专程到抚顺矿业集团西露天矿,察看西露天矿矿坑,了解采煤沉陷区综合治理情况和矿坑综合改造利用打算等,作出了"开展采煤沉陷区综合治理,要本着科学的态度和精神,搞好评估论证,决不能就治理而治理,要将治理和产业发展相结合,做好整合利用这篇大文章"的重要指示。习近平总书记在抚顺市顺城区前甸镇东华园社区实地考察时强调:"党中央投入大量资金解决棚户区和采煤沉陷区综合治理问题,很有必要,也很值得。资源枯竭型城市在转型发展中首先要解决好民生问题、保障好困难群众生活。"

一 基本做法

东华园社区牢记习近平总书记殷殷嘱托,延续奋进状态,逐步完善社区功能,优化提升社区为民服务,围绕形成全龄段、全业态、全方位、全层面的完备社区服务体系,不断增强社区党组织的政治属性和服务功能,让群众生活办事更方便、更有保障,全力打造"幸福社区"新样板,让居民幸福感和获得感不断增强。

(一)坚持党建引领,排忧解难"暖人心"

为了能让园区居民过上安心幸福的生活,东华园社区坚持以党建为引领,立足阵地建设,将东、西两个园区划分为6个大网格,建立"社区党委+网格党支部+党员中心户"的共建共治共享机制,实现了基层党建、基层治理同步完善,办好民生实事,千方百计为居民排忧解难,努力满足群众对美好生活的期待。

1. 倾听民声,捕捉社情民意。东华园社区共有回迁居民8500余人,其中80%以上是采煤沉陷区避险搬迁安置的居民，搬迁家庭普遍面临工作和生活双重困难，搬迁后经济、生活和心理的多重不适致使大多数人不愿配合社区工作，以致统计、保险等工作难以开展。面对这一难题，社区发动党员下沉网格一线，深入居民当中，听民意、解民忧、帮民困，推动"党员家庭代办站"建设，共30余名党员参与代办活动，并成立社区"萤火虫"志愿服务队，志愿者们用自己的星星之火温暖着社区所有居民。

2.纾难解困，促进居民安居乐业。针对回迁居民就业能力低和年龄偏大的情况，社区广泛联系企业，长期为居民提供免费技能培训，常态化发布就业信息，为社区居民量身定制集技能、政策、岗位于一体的就业服务体系，实现社区就业服务全覆盖。目前，在社区的帮助下，已有300余名居民找到了合适的工作。

3.关注民生，完善公共服务体系。一是完善养老服务体系。东华园社区中60岁以上的老人有近5000人，为了让老年人在家门口就能享受到便捷的养老服务，社区带领居民走出"小家"融入"大家"，建立了居家养老服务平台，为老人提供助餐、助医、助行等一系列服务。二是完善医疗卫生服务体系。社区改造升级了东华园医疗卫生服务站，设置理疗室、全科诊室、处置室等为居民提供医疗服务，与医院建立医联体，实现线上互联互通、远程会诊，极大方便了辖区居民就医问诊。三是完善便民服务机制。顺城公安分局创建的首个女子警务室也落户在东华园社区，负责开展辖区的人口管理、纠纷调解等日常社区管理工作，新型女子警务室成为百姓"家门口的派出所"，实现服务群众"零距离"。

（二）厚植服务理念，志愿帮扶"献爱心"

为增强社区服务力量，东华园社区动员成立"萤火虫"学雷锋志愿服务队，下设理论宣讲、扶危济困、治安巡逻、物业管理、医疗服务、文艺演出等多支队伍，搭建"供需对接"的志愿服务平台，把合作共建的辖区资源优势转变为社区治理效能。社区志愿服务始终坚持"奉献、友爱、互助、进步"的志愿精神,以"始于群众需求,终于群众满意"为服务宗旨,本着"互相帮助、助人自助、无私奉献、不求回报"的原则,积极投身到社区服务一线,常态化开展治安巡逻、反诈宣传、文明出行等各类志愿服务,为社区的发展作出了突出的贡献。东华园社区也先后被评为全国文明单位、全国最美志愿服务社区。此外,社区建立了新时代文明实践站,设立志愿服务点,传承雷锋精神,主动奉献爱心,常态化开展志愿服务项目,将关爱服务与社区治理相互促进、合二为一。每月 5 日,志愿者都集中在社区门前,免费为居民理发、磨刀、修家电,还为长期患病居民和孤寡老人提供上门服务,让居民在安置区重新找到"家"的感觉。

(三)讲述身边故事,传播能量"强信心"

2020 年 9 月东华园社区办公楼全面建成,总投资 1100 余万元。室内分为两层,面积 800 平方米,是集志愿服务活动展示、理论教学实践、党建成果展示和服务居民多功能于一体的综合性场所。为了充分利用此空间,社区书记带领志愿者们成立了"草根宣讲团",在社区办公楼里"面对面"地向居民宣讲党的好政策。特别是东华园社区还主动扛起对外宣讲的重任,为省内外 80 余支参观团队讲述党和政府对沉陷区居民的关爱和居民搬迁后的美好生活。社区积极号召党员、团员参加宣讲团讲述东华园的故事,90 岁高龄的老战士安业兴更是主动请缨讲述他的"初心故事"。正是在诸多社区工作者和普通居民的共同努力下,东华园社区被确定为雷锋学院实践教学基地,成为培育和践行社会主义核心价值观的重要阵地。

(四)涵养文明风尚,文化活动"聚民心"

东华园社区坚持在红色精神引领下建设和谐幸福家园,打造东华园社区教育基地景观工程,工程主体包括小区南门入口处 LED 彩色大屏幕、"永远跟党走"主题雕塑、长约200米的景观长廊、"同心共筑中国梦"主题雕塑及感恩石等部分。其中,景观式长廊共分为五个板块,分别是"总书记嘱托""总书记来了""使命与担当""党建先锋行"和"幸福梦想录",全景体现总书记到顺城区前甸镇东华园社区实地考察抚顺市采煤沉陷区避险搬迁安置情况及东华园社区居民精神面貌、民生条件、文体活动等改善情况,成为社会各界学习习近平总书记关于落实好民生工作、践行雷锋精神、推动资源枯竭型城市转型发展重要指示精神的"红色家园"。长廊展板上集中展示着采煤深陷区的历史变迁、东华园的蓬勃发展和居民的幸福生活,处处体现着社区昂扬向上、幸福祥和的精神风貌。社区还将每年的9月28日定为"华园节",由社区在新时代文明实践广场上组织居民开展文艺汇演、便民服务、知识科普、理论宣讲、电影展播等文化娱乐活动。目前,"华园节"已成为东华园社区人人参与、家喻户晓的品牌活动,虽然形式在不断丰富创新,但其内涵始终如一——这是社区居民共建共享的百姓舞台,也是中华优秀传统文化的生动演绎,充分展示了社区文化建设成果。

二 成效经验

作为特殊的沉陷搬迁社区,东华园社区面临家园重建和共同体重塑的重要任务。多年以来,为营造美好的社区生活,东华园社区牢记习近平总书记的嘱托,一是以全心全意为人民服务为工作的出发点、落脚点,高度关注并解决民生问题,兜底保障困难群众生活;二是坚持办好民生实事,努力满足群众对美好生活的期待;三是立足阵地建设,不断完善小区的各类设施,"提档"社区服务。

现如今,东华园社区硬环境和软环境不断提升,一幢幢高楼大厦整齐地排列,平坦的柏油路纵横交织,延伸到小区深处,园中绿树成排、花团锦簇、绿草如茵。社区中卫生院、智能居家养老中心、健身广场等一应俱全，居民幸福感、归属感、荣誉感不断提升。东华园社区先后被授予"全国文明单位""全国最美志愿服务社区"等称号。东华园社区真正凭借自己的切身实践和开拓进取搭建起沉陷区的民生福祉新高度。

三 案例启示

一是强化党建引领，激活为民服务"神经末梢"。党的二十大报告指出，加强城市社区党建工作，推进以党建引领基层治理。这进一步明确了通过在城市社区中加强基层党建工作，引领和推动城市社区治理的创新，已经成为新时代完善城市基层社会治理的架构，以及有效化解社区治理矛盾的重要途径。当前，社区发展需要充分发挥社区党组织战斗堡垒和组织协调方面的作用，将其组织资源转化为社区治理资源，集中力量解决影响和制约社区稳定与发展的突出问题，真正做到"党建引领、居民自治、服务自我"。坚持把理论学习作为党建工作的重要任务，进一步补足党员思想之钙，夯实党员干部的思想之基，不断增强党组织的凝聚力和战斗力。

二是关注民生问题，提高居民幸福感。习近平总书记强调社区建设要"坚持为民服务宗旨"，做到"居民有需求、社区有服务"，让社区成为居民最信赖和安心的避风港。社区建设应秉持此精神指示，始终聚焦民生关切，将居民需求"置顶"。特别是针对像东华园社区这样沉陷区中面临治理难题和挑战的特殊社区，我们更应该积极打造综合性的社区服务体系，解决群众身边急难愁盼问题，把好事办好、把实事办实，真正做到"民有所呼、我有所应"，让居民感受到温度，解锁社区基层治理"民生密码"，增强居民对社区的归属感和满意度。

三是释放志愿服务效能，激发社区自治活力。志愿服务作为一种源自群众、服务群众的活动，在融入社区治理，激发群众自治内在动力过程中具有不可替代的活力和魅力。社区建设应构建多方协调共治工作机制，找准志愿服务与社区党建、社区治理、社区服务的结合点，发挥志愿服务活动在引领社区文明风尚、解决群众困难、化解社区矛盾、促进民主协商、强化社区自治等方面的积极作用，拓宽社区服务功能，提高社区服务效能。

案例点评

在新中国社会主义工业化建设的历史上，老工业基地作出了巨大的贡献，但伴随资源枯竭和生态破坏，这些地域在转型发展中面临一系列挑战，其中最为根本性的当属人民群众的生计问题，因而在资源枯竭型城市的转型发展中解决好民生问题，是我们党的一项重点工作。辽宁省抚顺市东华园社区作为应对采煤沉陷区民生危机而建立的搬迁安置社区，其最主要的治理与服务目标便在于营造新的社区共同体，动员居民抱团取暖解决问题，创造美好新生活。东华园社区一是加强党建引领，将党作为营造新生活的领航员和主心骨，为居民开展各类高质量的服务。二是传承和发扬老工业基地的精神力量，将社区居民在工业化建设的光荣历史作为支撑新时代社区发展的精神支撑。三是激发居民群众的志愿精神，将抱团取暖作为构建和谐社区、营造社区共同体的重要方式。总之，在沉陷搬迁这类社区，我们必须将解决民生问题作为一切工作的落脚点，为居民提供全方位高质量的服务，同时还要激发其精神力量，将其作为社区建设的文化资源。

12 "小社区"连接"大治理"

广东省深圳市龙华区民治街道北站社区

社区工作连着千家万户。2018年10月24日,习近平总书记一行专程来到北站社区党群服务中心,了解社区党建、公共服务和基层治理方面的情况。习近平总书记在考察时强调,"要把更多资源、服务、管理放到社区,为居民提供精准化、精细化服务,切实把群众大大小小的事办好"。要坚持依靠居民、依法有序组织居民群众参与社区治理,实现人人参与、人人尽力、人人共享。带着总书记的殷殷嘱托,北站社区积极探索在超大型城市高密度社区治理中下足"绣花功夫",努力将群众期待"愿景图"转变为美好生活"实景画"。

北站社区是一个富有特色的核心社区。社区位于深圳市龙华区民治街道,成立于2011年10月,是与深圳北站同步诞生的年轻社区,也是深圳城市化进程的典型代表。辖区总面积4.2平方千米,实际居住人口约7.2万人,另有空挂户5万余人。社区有4个花园小区、1个保障性住房、1个城中村、1个商务中心区、1个华南地区重要交通枢纽。北站社区被誉为"最美北站家园"。社区有1个党群服务中心、2个党群服务V站、1个亲邻之家,其中社区党群服务中心自2017年8月启用,2022年完成升级改造,占地面积8000平方米,分为行政服务区、活动区和工作室专区三大区域,是一个集政策宣传、社区居民服务、党员教育管理、党员志愿服务、社区关爱帮扶、社情民意办理、休闲娱乐于一体的"惠民综合体",致力于打通服务群众"最后一公里"。

一 基本做法

北站社区时刻牢记习近平总书记嘱托，扩大社区党群服务中心实体阵地，让中心功能更完备，基层党建引力更强大；创新推出"一社三会"机制，让"旁观者"成为"参与者"。把民生作为最大党建，坚持需求从群众中来，服务到群众中去，精准建立群众供需平衡。社区积极凝聚人、盘活物、做实事，以"绣花"真功夫做好社区服务"大文章"，让群众有更多、更可持续的获得感。

（一）"小支部"建成"大党委"，做好社区治理"主心骨"

社区党委坚持大抓基层、大抓支部，把组织体系的"根"扎得更深，推动支部建在小区、城中村、社会组织等多个领域，从12人的"小支部"发展为管理15个党支部、351名党员的"大党委"。坚持条块融合、资源共享，把组织共建的"网"织得更密，深耕细作党建联席会，优化党组织联席会架构，横向构建群团组织体系，纵向以片区、行业等单位为基础，成立各类党组织联席会，构建"社区+车站+学校+商圈"共商共治新格局。定期组织开展"第一议题"学习，建立党组织联席会"需求库"和"资源库"，创新党组织联席会形式。加强工作保障机制，设立党组织联席会专项工作经费，由社区党委统筹，结合"民生微实事"、党建工作经费保障工作开展。落实"区—街道—社区—党组织"联席会成员分级分类解决问题机制，将问题落实解决纳入街道督查督办项目，使问题有效化解。社区把辖区铁路、公安、学校等47家党组织拧成一股绳，解决了北站周边拥堵、小区群众诉求多元等问题。

（二）"小方桌"搭建"大平台"，凝聚多元共治"新力量"

2021年7月，北站社区创新推出"一社三会"工作机制，让专家学者、社区"能人"组成社区"智囊团"，为社区居民参与社区治理搭建平台。"一社"引领，"三会"支撑，循环流动、有机交融，奠定了北站社区走向良序善治的基石，一个有温度、有活力、有灵魂的北站共同体正在加速生成。

1.居民代表议事会——搭建公共参与平台，寻找治理"最大公约数"

治国安邦，重在基层。在北站社区，居民议事成为破解基层治理难题的一把"钥匙"。作为北站社区基层治理体系的第一驾马车，居民代表议事会搭建的正是一个多层面、制度化的共建共治共享平台。通过搭建平台，广泛吸纳社区各界代表人士，社区事、大家议、众人决，各方面意见在居民议事会上得以合理表达，在议事中找到群众利益的"最大公约数"，同时依托社区社会组织力量高效执行，将共识转化为共为，成功破解一系列城中村治理难题，推动基层治理走向"多元共治"，成为基层社会治理社会化的典型样本。

2.党员群众共享会——搭建"人人参与"平台，助推"人人共享"落地

2019年3月，北站社区聚焦"我为人人，人人为我"理念，推出社区"党员群众共享会"项目，鼓励社区居民分享时间、技能、服务等资源，让每个居民同时成为奉献者和社区发展受益者，极大地激发居民参与社区治理的积极性。"党员群众共享会"项目一经推出，火爆程度出人意料。从第1名注册会员到会员突破1000名，仅仅用了3个月时间。会员涵盖了社区党员、社区工作者、楼栋长、企业员工和广大居民，还有社会组织、物业管理处、爱心企业等集体会员。如今，在北站社区7万余名居民中，共享会成员已超过了1万且数量仍在增长。

3.社区专家参事会——对接专业力量，升维专业化治理

在北站社区"一社三会"的治理架构中，专家参事会的定位与居民议

事会、党群共享会均不同，它不仅仅是社区治理的"智库"，为破解治理痛点贡献智慧，更肩负着将社区治理从粗放式向精细化、规范化、专业化升维的使命。社区工作连着千家万户，看似门槛不高人人可做，但真要做精、做细、做深、做透，必然需要专业人才、专业知识、专业组织和机构的支撑。北站社区专家参事会的专家，与传统的认知有所不同。不是高大上，不是大而全，不是学院派、理论派，而是术业有专攻的专业人士，或者不同领域的行家里手，且一定是具有丰富社会实践经验的人士，能够为破解社区治理痛点提供具体而专业的思路、方案。专业而务实，这是社区专家的重心。从本质上讲，参事会也是一种机制，它更加精准地为社区治理凝聚不同领域的专业人才，并通过这些人才，打开更加丰富的资源通道，为社区治理带来更大的流量。

（三）"微实事"撬动"大民生"，构建供需精准对接"新平衡"

1.聚焦特殊群体优化服务

全面摸排梳理社区独居老人、残疾人、精神病患、困境儿童等特殊群体信息，构建"兜底性""基础性""定制化"三级服务体系。一是兜底性服务对困难群体提供普惠性、帮扶性政策支持，对独居老人、精神病患每月必访，保障生活和安全底线。二是基础性服务以定格化、网格化为依托，通过书记茶话会、格长交流会，建立常态联系和问题协调解决机制，同时为特殊群体提供基础民生服务。三是定制化服务面向特殊群体深度需求，如开展独居老人年夜饭、老年人中医理疗、健康义诊、长青老龄大学、长者助餐活动，社区+社康联动完成独居老人入户健康体检等。

2.发挥更大的"民星"效应

一是社区民星是服务群众的骨干代表，将继续挖掘动员、加强资源保障、不断赋能提升，引导更多骨干成为社区不同领域的带头人。二是打造"我的邻居是大咖"专栏，以居民群众中的"大咖"引擎激发治理"能人效应"，壮大自治力量。

二 成效经验

（一）党建引领，服务根基更加夯实

精准化、精细化服务靠的不仅仅是社区党委的"单向输出"，强调开放融合、推进"条块结合"才是党建引领基层治理的题中之义。北站社区党委牵头成立社区党组织联席会，除直接管理社区8个党组织外，还有效统筹驻社区22个企事业单位党组织，吸纳6名驻社区单位负责人担任社区兼职委员，构建"社区+车站+学校+商圈"共商共治新格局，社区治理由以前"各家自扫门前雪"变成现在"众人拾柴火焰高"。在这样的大背景下，让社区服务基础更加夯实，社区群众有更多、更可持续的获得感。坚持党委领导的"一核多元"治理格局，充分调动社会组织和辖区群众的积极性，民治街道以党建引领带动社区治理创新，走出了一条党委领导、共治与自治融合的社会治理之路。

（二）延伸阵地，服务领域更加广泛

优化北站党群服务中心设置，设立"雨燕工作室""红星工作室"等重点扶持残疾人和老兵群体社会组织；设立智能母婴室，为社区哺乳期妇女提供贴心温馨服务；新建北站社区聚善空间，搭建社区居民参与的公益互助平台；建设退役军人服务站，为退役军人群体提供"一站式"服务；完善北站社区警务室、深圳北站人才安居党群服务中心、"U彩"爱心服务家园等多元服务阵地；新建社区小型党群服务中心和民治空间（V站），在金亨利、创业花园等花园小区和城中村分别设点布局，打造"十分钟党群服务圈"。

（三）聚焦民生，服务内容更加精准

始终坚持群众有什么需求，就着力提供群众满意的各类服务。民治街道拓展延时错峰等政务服务，推动18个事项下放社区通办，提供24小时自助政务服务事项100项。开展"我的实事，我参与"活动，让社区居民自己提需求，实现需求和服务精准对接。针对"空巢"儿童多，北站社区设立"北站小巢"四点半学堂，连续5年举办"空巢"儿童夏令营活动，为300多个外来务工家庭解决暑期子女看管难等问题。充分发挥社会组织作用，针对辖区居住有基建工程兵、越战老兵341人，户籍持证残疾人238名，社区党委推动成立龙悦志愿者协会和红星关爱志愿者协会，通过大力开展"老兵、残疾人互助"项目，促进两个组织互助融合，受到群众广泛好评。同时，积极参与社区服务、为具有一定影响力的社会组织提供办公、服务场所，提供人员培训、业务交流等服务，以活动能力晋级推进服务质量升级。

（四）智慧赋能，服务方式更加高效

从信息化建设着力，积极探索建立"党建＋科技＋治理"模式，推出首个社区级智慧指挥中心，为社区插上信息化的翅膀。按照"融通、集成、协同、再造"工作思路，着力构建党建引领、"一脑支撑"、聚焦三域（社会管理、多元共治、为民服务）的数字治理体系，打造"科学、有序、温暖"的现代化数"治"新范式。实施"党建引领社区治理"智慧指挥中心项目，突出党建特色建设智慧城市展厅，打造一体化的社区治理指挥体系。

三 案例启示

社区虽小，却连着千家万户。如何建好建强基层党组织，把更多资源、

服务投放到社区，切实办好民生实事，实现共建共治共享的治理格局，直接关系到居民群众的获得感、幸福感、安全感。社区党委如何引领各组织，凝聚资源开展社区服务、做好基层治理工作，既是城市基层党建要研究的重要课题，也是提升基层党组织组织力的核心所在。将共建共治共享融入社区治理的实践全程，坚持社区的事情由大家商量，构建起保障社区治理居民全程民主参与、发展成果全社区共享的"一社三会"(居民代表议事会、社区专家参事会、党员群众共享会)治理结构。它最大的特点就在于，站在社区居民的立场，从居民的兴趣、爱好、能力、资源甚至是参与热情出发，将包括社区居民在内的各种力量引入到了社区生活的场域中来。无论多么微薄的力量，都可以同时成为奉献者与受益者，最大限度地助力实现"人人能够参与、人人愿意参与、人人乐于参与"。善于从人民的所想所盼中寻找方向，善于从人民的实践创造中汲取智慧，做到老百姓关心什么、期盼什么，就抓住什么、推进什么，改革开放就能在人民坚定支持下固本浚源、澎湃向前。

案例点评

社区治理的关键在人，所以必须让人动起来，让人源源不断地走进社区治理的舞台。一个称得上美好生活的社区，一定是人人参与、守望相助的熟人社区。所以，无论是从治理的人才需要，还是从治理的目标考量，如何设计一种机制，最大限度地在人与人之间、人与社区之间建立连接，显得尤为重要。当下，如何让社区结构下的"生人社会"变为"熟人社区"，是我国社区治理能力提升的一个重点和难点。党的二十大报告提出："增强城乡社区群众自我管理、自我服务、自我教育、自我监督的实效。"北站社区党群服务中心创建党建引领下的"一社三会"机制——居民议事会、专家参事会、党群共享会如同"三驾马车",共同构成了北站社区基层治理体系的"四梁八柱",亦为构建"人人参与、人人尽力、人人共享"的社区美好生活共同体确立了基本路径。通过持续不断地向社区居民传导"凡事都要商量着来做"的理念,培养"社区事、大家议、众人决"的多元治理理念。"一社三会"的价值不仅仅是为社区居民搭建公共参与平台,更在于培育共建意识,这是社区治理的底层逻辑。从"人人为我"转变到"我为人人",做到资源共享,社区共融,确立社区建设的使命和社区治理的愿景——构建以温情为底色、参与为肌理、法治为内核的现代人文社区,打造有温度、有活力、有灵魂的美好生活共同体。

"垂直社区"向上力量激活基层治理"神经末梢"

13 上海市浦东新区陆家嘴上海中心大厦

2018年11月6日,习近平总书记来到陆家嘴金融城党建服务中心,充分肯定上海创新党建工作的思路和模式并强调:"基层党建既要发扬优良传统,又要与时俱进,不断适应新形势,拓宽基层党建的领域,做到党员工作生活在哪里、党组织就覆盖到哪里,让党员无论在哪里都能找到组织找到家。希望上海在加强基层党建工作上继续探索、走在前头。"作为楼宇党建的发轫地,浦东新区始终牢记习近平总书记嘱托,发挥楼宇党委领导下楼事会共建共治共享平台作用,让楼宇党建成为推动区域高质量发展的红色引擎。

陆家嘴是上海国际金融中心的核心功能区,31.78平方千米的金融城矗立着285幢商办楼宇,这些"垂直社区"里共有4.3万多家企业,各类从业人员超50万名,而平均年龄只有29.5岁。针对辖区内党员年轻化、学历高、流动性大、需求多元化等特点,陆家嘴金融贸易区综合党委从2014年开始,在金融城各个楼宇里设立党建服务站,将"党建+服务"的工作模式延伸到商务楼宇,建立了陆家嘴金融城党建服务中心。

一 基本做法

距软件园不远的嘉兴大厦，1999年诞生了全国第一个楼宇联合党支部。从最开始"支部建在楼上"，到如今在"垂直社区"里建立"居委会"，陆家嘴楼宇党建由"支部建在楼上"的1.0阶段，经过"送服务"的2.0阶段与"强功能"的3.0阶段，正逐步迈入以"善治理"为主要特征的楼宇党建4.0模式，推动党的基层组织建设真正覆盖到经济社会最活跃的经络上，公共服务的对象，从"平面社区"延伸到了楼宇"立体社区"；城市治理的方式，从政府主导逐步走向自治共治协同，社会治理的结构在党的坚强领导下得到了高度优化。

（一）着眼有形有效，健全楼宇基层组织体系

1.织密楼宇组织体系。打破楼宇单位壁垒，通过成立楼宇党委（党总支）创新完善楼宇党组织体系。浦东新区陆家嘴金融城探索形成"金融城综合党委—片区党组织—楼宇党组织—楼宇企业党组织"的网格党建架构，共设立10个片区、30个党群服务站点，覆盖区域内近400个基层党组织和近万名党员。2018年至2023年，陆家嘴金融城党组织从252个发展到432个，党员由9244名增长到10633名。陆家嘴金融城的党建工作已实现252幢楼宇的全覆盖，除了设在上海中心大厦的党建服务中心外，整个金融城范围内还分布着10个片区中心和30个党建服务站点，由此基本形成了体系化、全覆盖的党建工作格局。

2.注重楼宇有效覆盖。深入楼宇各入驻单位排查摸底，动态监测掌握单位变动情况，创新楼宇党员同步联系、党的工作同步跟进、党的组织同步建立的覆盖模式，分门别类采取"建、联、挂、派"等方式推进楼宇党

的组织和工作覆盖。综合考量商务楼宇地标效应、税收贡献、体量大小和党建基础，分类施策推动实现应建尽建。

（二）搭建共治平台，打造楼宇社区共同体

楼宇党建的生命力离不开创新，2020年4月起，陆家嘴金融城在上海中心大厦等6幢重点楼宇试点推出"楼事会"制度，探索党建引领下的新型楼宇治理模式。目前，陆家嘴综合党委已在66幢重点楼宇建立起"楼事会"。这是一个以楼宇为单位，经民主推选产生的楼宇共建共治共享平台。"楼事会"致力于充分发挥楼宇党建引领，打造楼宇、企业、公共管理部门、机构之间的生态圈，实现"大党建＋大服务"工作闭环，健全"楼门口"服务体系，构建起楼事楼议、楼事楼办、楼事楼管的楼宇社区共同体。这一模式既强化楼宇党建新发展的制度保障，也为大楼、企业和职工架起联系解决困难、满足需求的强大沟通平台，加强了业主、企业、商户等各方的"开放型"联动，推动楼宇治理从"找服务"向"优治理"转变。"楼事会"类似楼宇"垂直社区"的"居委会"，楼宇经济发展的"办事处"，通过制度化的共治平台，专业化的工作队伍，构建起楼宇党建发展的新格局。"楼事会"的运作模式十分简单高效——通过"三张清单"来解决问题。"楼事会"收集企业或白领们在企业发展或日常生活中遇到的问题形成"需求清单"，再整理出区域内的行政资源、文化资源、经济发展资源、社会治理资源等形成一张现有"资源清单"，将二者进行匹配，就形成了一个"项目清单"。每个"楼事会"都会有一本自己的"楼事通"，类似一本专属通讯录，不同政府部门都会有直接的联系人。"楼事会"既关心楼宇内企业需求，又对接楼宇诉求，让服务与需求精准匹配，架起供需沟通桥梁，从被动寻找到精准链接，省时高效。

二 成效经验

"破圈"融合,这也正是近年来上海楼宇党建的新探索之一。20年前,上海率先探索"支部建在楼上"1.0版,到后来"党建+服务"2.0版,再到2018年后,各类资源进一步向楼宇倾斜,迈入"党建引领、区域融合、功能完善、智能联通、队伍支撑"的3.0版、4.0版,楼宇党建的界限不断被打破,服务不断在叠加,共享共治的新探索、新形态层出不穷。

(一)组织建设从"有形"覆盖向"有效"覆盖转变

1.楼宇党建服务区域全覆盖。建工大厦、世界广场大厦、斯米克大厦和时代金融大厦是最初建立起来的4个商务楼宇综合服务站。根据"以点连片"的楼宇党建工作思路,以四个服务站为支点,党的工作进一步延伸到80多幢商务楼宇,实现了服务区域全覆盖。

2.楼宇党建服务内容全覆盖。服务以需求为导向,在为民服务解难题、办实事中,增强楼宇党组织对党员职工特别是年轻人的凝聚力和向心力。比起区域全覆盖,更让白领们有获得感的,是服务内容全覆盖。综合服务站一方面做好党务服务;另一方面又协调工商、税务、劳动、卫生、计生等政府职能部门开设问询窗口,把服务站打造成为党务、政务、社务"三位一体"的社会服务大平台,有效解决了楼宇企业和白领青年的急难愁问题。政府服务企业从"跑楼"变为"驻点",企业和白领普遍反映"更容易找到组织,反映得了问题,办得了事",党的工作从"无形"变"有形"。综合服务站依托职能部门,为企业及从业人员提供政策咨询、社会保障解答、纠纷调解等福利性、公益性服务。大到为民生银行等单位解决招聘员工的需求,小到为一些白领联系解决孩子"入托难"等个人问题,综合服务站往往成为一栋楼宇的"正能量"之源。

3. 楼宇党建服务对象全覆盖。将工作对象由党员拓展为面向商务楼宇中的全体从业人员，尤其关注白领青年这一新生力量，凝聚起这一特殊群体。根据白领党员的工作特点和职业习惯，创新推出了"积分制"并不断优化，将"三会一课"内化于心、外化于行。把服务向前"推进一公里"，收获的是认同感和凝聚力。而这一点，在以青年白领为主体人群的楼宇党建中显得尤为重要。比如年轻人有阅读需求，服务站就开创"阳光读书吧"，开展"书屋共建""图书漂流"等公益活动；此外，参加公益、志愿服务也正成为陆家嘴白领的新时尚。打破单位界限、身份界限、地域界限、隶属界限，年轻白领们在楼宇党建新模式中找到了新的归属感。白领之间的距离更近了，被一间间办公室分隔开的"陌生人社会"也渐渐融解。

（二）思想引领从"被动服务"向"共识凝聚"转变

1. 多种形式推动新思想进楼宇。把传播党的创新理论、用新思想武装头脑作为楼宇党建的首要任务，推动习近平新时代中国特色社会主义思想进楼宇、入人心，引领楼宇白领群体听党话、跟党走。把楼宇内的党群服务站打造成"楼宇党校"，将习近平新时代中国特色社会主义思想融入课程，楼宇党建政治引领功能得到彰显。围绕楼宇白领关心的热点问题授课，举办"举着党旗去旅行""思政研修班"等活动，推动服务凝聚转向思想凝聚。

2. "双培工程"不断强化"向心力"。把党员培养成骨干，把骨干培养成党员，助推青年党员成长成才，把楼宇中的各类群体紧紧吸引在党组织周围。在高学历白领中，开展"海归精英""金融之星"评选活动，引导白领向往加入共产党。普陀区近铁城市广场在快递、外卖小哥中话党史、普法律，张贴光荣榜，增强党组织吸引力凝聚力。

3. 以服务凝聚楼宇从业人员。深化"党建+服务"，聚焦楼宇职工最关心最直接最现实的利益问题，着力解决就餐、出行、婚恋、事业发展等操心事烦心事揪心事；以地缘、业缘、趣缘为纽带，灵活组建各类文体、公益活动团队，把党员群众有效组织起来、凝聚起来。依托覆盖重点楼宇的楼宇党群服务站，实现服务定制配送，满足楼宇企业和白领日益增长的需求。

（三）楼宇党建赋能基层治理，实现从"点上治理"走向"全域治理"

将楼宇党建与居民区党建一样纳入城市基层党建格局，楼宇党建功能辐射半径从本楼宇延伸到周边楼宇及入驻企业、周边社区、驻区单位及产业链，促进楼宇治理从"点上治理"向"全域治理"转变，既让政府部门成为楼宇治理的强有力支撑，又让楼宇党员职工成为服务社区的重要力量，推动楼与楼、街与楼、楼与居、企与企之间的互通融合。

1.构建党建引领下的楼宇治理平台。充分发挥楼宇党组织在楼宇社区中的作用，搭建横向到边、共治共享的楼宇社区治理平台，为楼宇入驻单位增强竞争力、为城市基层治理汇集凝聚力提供坚强保障，切实推动楼宇经济发展。在重点楼宇单独组建楼委会或楼事会等自治共治平台；在同一产权方或同一物业管理区域内相邻楼宇中，联合组建楼委会或楼事会，在楼宇党委领导下开展工作，将建强组织、做实服务、强化功能与创新治理有机结合，实现"大小事务不出楼宇，教育服务就在身边"。

2.探索完善楼宇自治共治工作机制。在楼宇内建立驻楼联企、一楼通办、楼事楼议、楼社联动等工作机制，把党建工作与优化营商环境、凝聚楼宇员工、促进楼宇发展、融入社区治理等方面相促相融。楼委会等自治共治平台在党组织的领导下，负责对内对外牵头商议与楼宇建设、管理、发展、服务相关的各种事项，推动资源、需求、项目"三张清单"运作，对接推动解决实际问题。

三 案例启示

从楼宇党建1.0版到4.0版，楼宇党建实现从关注覆盖式嵌入所导致的机械性复合，到党组织对经济细胞的有效嵌入所达成的有机复合的转变。楼宇党建的目标是通过党建引领打造有温度的楼宇社区价值共同体、利益共同体、治理共同体和责任共同体。因此，楼宇党建是城市经济社会发展的必然产物，是"支部建在连上"优良传统的继承和发展，是新形势下城市基层党建的创新发展。这种模式转变使楼宇党建在做到党的组织与工作全覆盖的同时，以需求为导向，以服务为抓手，实现党组织对经济细胞的服务、凝聚与引领，最终达到党的政治基础、社会基础与经济基础的统一。

上海深化以"善治理"为特征的楼宇党建工作，不断加强组织体系建设。围绕"一流党建，促一流开发"，严密组织体系、做强服务功能、创新方式方法，探索党建引领商务楼宇治理和发展新格局，推进楼宇党建从全覆盖到真覆盖，将党的基层组织真正覆盖到了经济社会最活跃的经络上，点亮这座城市的"天际线"。在这些"竖起来"的社区里，楼宇党建持续引领经济、社会、城市治理，将党的组织优势充分转化为楼宇善治效能，推动区域经济和市场主体高质量发展。上海中心大厦楼宇党建模式是新形势下楼宇党建工作的有益探索，为其他城市楼宇党建工作提供了很好的示范，也为下一步楼宇党建工作的开展提供了很好的思路。

案例点评

党的二十大报告进一步指出，要"增强党组织政治功能和组织功能"。基层党组织整合社会资源、参与社会共治的能力，很大程度上决定了楼宇党建的广度和深度。协调统筹多方需求、利益和目标，实现不同领域、不同层级、不同系统在党建工作上的协同合作、各展所长，才能不断推动楼宇党建高质量发展。楼宇党建工作是上海探索符合超大城市特点和规律的城市基层党建新路的重要领域和鲜明标志。楼宇社区针对新经济领域和新社会阶层开展党建服务工作的一种创新方式，是国家、市场和社会三种力量在新形势下的一种融合创新，旨在构建一种平安共管、问题共治、政企共建、资源共享的城市治理新格局。面对高知白领等青年群体、立足楼宇这一竖起来的"社区"，陆家嘴正全力探索一条引领青年、服务企业、繁荣楼宇的党建新路径，为新时代楼宇党建贡献新的方案。作为楼宇党建的发轫地，上海牢记习近平总书记"继续探索，走在前头"和"上海党建的重点在楼宇"的重要指示精神，主动跨前思考，深入探索工作机制、创新工作方法、拓展工作领域、丰富工作内涵，让党旗在城市天际线高高飘扬，为引领和推动楼宇经济和城市经济的高质量发展注入源源不竭的动力。

社区志愿者组织发祥地谱写时代新篇

14 天津市和平区新兴街朝阳里社区

志愿服务精神铸就和谐社会"文明底色",是助力社会治理、促进经济社会高质量发展的重要路径。党的二十大报告强调,要完善志愿服务制度和工作体系,提高全社会文明程度,这为我国志愿服务事业的发展提出了新的要求。完善志愿服务制度和工作体系是以习近平同志为核心的党中央从战略和全局高度作出的重大决策,面对新发展阶段,需要持续贯彻落实党的二十大精神,强化党建引领,整合力量资源,为志愿服务搭建更多平台、给予更多支持,促进社区志愿服务提质升级,不断提升社区治理效能。

民政部挂牌的全国第一个社区志愿者组织发祥地——天津市和平区新兴街朝阳里社区,由新河里等7个自然小区165个楼门组成,居民2030余户、5090余人。作为全国第一个社区志愿者组织发祥地,朝阳里社区的志愿服务事业,从1988年初建时的13位老人发展到如今3771名注册志愿者、38支志愿服务团队及56家党建共建单位,志愿者比例超过常住人口的70%。朝阳里社区始终坚持以党建为引领,充分发挥志愿力量参与社区治理,广泛开展《天津市文明行为促进条例》(简称《条例》)的宣传贯彻,用实际行动服务百姓群众、倡导文明新风、助力文明社区创建,接续形成一套共建、共治、共享的长效机制,实现从"人人独善其身"到"人人相善其群"的递进。

2019年1月17日,习近平总书记视察朝阳里社区,在党群服务中心综合办事大厅了解社区网格化管理、基层党建、便民服务等情况,提出"志愿服务是社会文明进步的重要标志,是广大志愿者奉献爱心的重要渠道。要为志愿服务搭建更多平台，更好发挥志愿服务在社会治理中的积极作用"，并就"精准化精细化为民服务、加强退役军人服务保障、志愿服务"等工作作出重要指示。

一 基本做法

多年来，朝阳里社区以社区志愿服务为优秀传统资源，深入推动志愿服务常态化、长效化、创新化，持续擦亮"百姓志愿"特色品牌，以高质量志愿服务助推高效能社区治理、营造幸福社区生活。

（一）整合志愿力量，携手共建新家园

朝阳里社区始终坚持以党建为引领，激活为民服务"神经末梢"，社区找准志愿服务与社区党建、社区治理、社区服务的结合点，依托"一线、二化、五公益"的"125工作法"，形成"支部发动、组织带动、群众主动"的志愿服务格局。一是发挥社区党委主心骨作用，坚持用党的领导这"一条红线"织密"红色网格"，将11个党支部建在网格上，将党小组建在楼门内，在楼门内推选、挂牌一批党员中心户，以党员中心户为骨干带领楼门志愿者激活"红色细胞"，推动居民自我管理、自我服务。二是推动志愿服务常态化、项目化。社区不断孵化志愿服务队伍，扩充志愿服务项目库，细化志愿服务内容，实现志愿服务形式由"一对一""点对点"服务转变为专业团队定向服务、项目团队设点服务，设立"扶危济困基金""护绿巡逻""心目影院"等23项社区志愿服务项目。三是坚持5条举措推动全民公益。社区以和平区社区志愿服务展馆作为"全民公益基地"，以专业的社工队伍作为专业化"公益引导团队"，以每季度一场的设点服务、义卖集市等形式举办"全民公益集市"活动，以"公益嘉年华"搭建全民公益的展示

平台，以"公益基金"注满公益"能量池"，把志愿服务引向全民公益。

（二）坚持多方联动，拓宽社区治理朋友圈

朝阳里社区在长期志愿服务发展中不断探索和创新，打造了"一体一圈一群"的联动模式，体现群众获得感、圈出群众幸福感、满足群众安全感。"一体"即构建新时代文明实践综合体。建立多方互动机制，整合辖区内阵地资源，发挥党建共建、区域联建优势，建立社区志愿服务资源项目库，针对社区居民面临的难点、痛点问题，年均开展新时代文明实践活动300余场次。"一圈"即打造15分钟志愿服务圈。社区结合居民实际需求，将新时代文明实践站、学雷锋志愿服务站等公共活动空间及公园广场、学校等社会资源整合为志愿服务活动阵地，打造点多面广、功能完备的15分钟志愿服务圈。"一群"即精准化精细化服务居民群众。社区将居民需求"置顶"，常年开展理论宣讲、文体健身、科普宣传、学雷锋志愿服务等活动，通过精准问需、精细服务，推动社区新时代志愿服务工作全线展开、全域覆盖、全面深化。

（三）扩大宣传声量，丰富形式讲出新味道

1.深入发动广泛宣传。社区提供《条例》单行本和主题海报、课件、图片、视频等"炮弹"，指导志愿服务团队结合实际开展《条例》宣传工作，引导广大志愿者争当文明宣传员、家里家外齐发动、用"小喇叭"喊出大声量。并发挥社区新时代文明实践站宣传阵地作用开展《条例》宣讲，培育居民规则意识、规矩意识。同时，广泛开展"争做文明有礼天津人"主题活动，做好文明餐桌、文明出行、文明养犬、文明旅游等宣讲，号召广大居民争当"文明行为观察员"，从家人开始，督促身边人养成文明行为。

2.开展特色门楼宣传。根据社区各志愿服务团队的专长特点和文明行

为基本规范，分门别类打造"志愿门楼""党员示范""好人门楼""敬老互助""阳光少年""书香门楼""幸福门楼"等特色楼门，并定期开展"优秀门楼"评比，争创好人社区、标杆示范楼门，激发居民参与热情，营造互学互助的氛围。在每个楼门统一张贴社会主义核心价值观海报、十分钟生活圈电话、楼门公约、公共信息发布区域图。指导各楼门开展楼道特色文化展示，居民将小区"热心肠"的小故事、读书笔记、个人书法绘画作品等在指定区域展出，潜移默化提升居民文明素养，强化"文明就在身边"的意识。

3.用好网络扩大宣传。开通"志愿朝阳"微信公众号，开设"红色网格服务""区域协同共建""好家风好家训""培育时代新人""红色科普阵地""百颗星光荣榜""社区之窗"等15个子栏目，组织各团队开展公众号使用培训，引导居民积极投稿，传播文明风尚。同时，灵活运用公众号平台开展《条例》实施情况等问卷调查，收集群众意见建议，及时改进和完善工作。

（四）做好文明示范，从我做起践行新风尚

1.培育榜样，实践有目标。注重选树"志愿之星""身边好人"，营造社区独特追星氛围，引导广大居民以身边"明星""好人"为榜样，践行《条例》，传递温暖。

2.丰富项目，实践有平台。统筹整合辖区内阵地资源，围绕《条例》倡导的内容，先后推出"健康义诊""和平夜话""金葵花快乐营地""天使助残""军辉溢彩"等特色项目。打造"公益集市"品牌，通过设点服务、跳蚤市场、义卖集市等形式，整合汇聚更多的社会力量开展志愿服务、参与社区治理。社区年均开展新时代文明实践活动300余场次，涵盖文明养宠、移风易俗、垃圾分类、绿色环保、文明交通、文明旅游等各类文明行为养成主题。

3.共享成果，实践有温暖。坚持为民原则，聚焦群众诉求，聚力解决问题，共享精神文明建设成果，让居民切实感受到文明实践的温暖与力量，感受到遵守文明法规带来的好处与便利。打造15分钟志愿服务圈，建立社区志愿服务资源项目库，与爱心单位建立定向联系，定期开展理论宣讲、文化活动、市民教育、健身活动、科普宣传、家长学校、学雷锋志愿服务等活动，通过发挥优势凸显所长来服务居民。随着社区人口走向老龄化，朝阳里社区多方整合医疗资源定期为社区居民提供血压血糖监测、健康咨询等义诊服务，让医疗专家走进社区、走进居民家中，把健康和关爱送到社区居民身边。

二 成效经验

朝阳里社区以全国第一个社区志愿者组织发祥地而闻名，多年来，社区并未固守历史成绩，而是在优秀传统的基础上继续开拓创新，遵循习近平总书记关于志愿服务的重要指示，充分发挥志愿服务在社会治理中的积极作用，以志愿服务为抓手，发动各类志愿服务团队，发挥主力军、突击队作用，促进居民养成文明行为基本规范，让文明像蒲公英一样在朝阳里播种生根。

新时代朝阳里社区志愿活动的开展，对于践行社会主义核心价值观、培养社区居民的社会责任感、促进人际交流与理解、传递爱心和温暖社区具有不可替代的重要价值。社区居民通过参与志愿服务，能够更好地理解社会需求，主动承担基层治理服务责任，为建设更和谐、美好的社会贡献力量。正是基于社区志愿组织的发展和社区志愿活动的常态化开展，朝阳里社区共同体更有韧性、更具生机。

目前，社区年均开展新时代文明实践活动300余场次，居民年均享受志愿服务5600件次。先后获评全国文明单位、全国示范性老年友好型社区、天津市社区未成年人"五爱"教育示范阵地、天津市中国特色社会主义理论体系研究中心主题实践基地、天津市文明社区等荣誉。

三 案例启示

（一）坚持价值引领，才能真正凝聚群众

朝阳里社区以志愿服务为有力抓手推进社区建设，得益于基层党组织以党的创新理论为引领，凝聚共识、凝聚力量。在基层社区以党员为核心、为示范，增强对群众的价值引领，不断提升志愿服务促进文明实践的质量，有效保障文明行为的常态化和普遍化。

（二）坚持人民至上，才能牢记初心使命

坚持人民至上是当代中国一切事业发展的根本遵循。朝阳里社区开展社区志愿服务的过程中，坚持人民至上，践行为民宗旨，以社区居民群众为主体来站稳人民立场，以群众需求为导向来体现人民利益，以群众互助为形式来增进人民福祉，以群众创造为活力来尊重人民创造，以群众评判建议来集中人民智慧，以群众文明口碑确保人民共享。

（三）坚持共建共享，才能激发创建活力

文明创建促进是一项系统工作，既需要各级党委的政治引领、组织推进，也需要全社会共同参与，共建共治共享。朝阳里社区不仅发动广大居民升级为社区志愿者参与社区治理与服务，而且与辖区内企事业文明单位、学校、商户等构建文明共建平台，携手实现志愿服务与教育、文旅、商业等有机融合，为志愿服务注入更多的资源与活力，以社区志愿服务带动文明行为常态化、普遍化。

（四）坚持贴近群众，才能让文明意识深入人心

文明行为促进工作的根基在基层，活力也在基层。基层群众是文明行为促进的参与主体和依靠力量，文明行为促进工作做得好不好的关键在于基层群众能否主动参与和积极配合。坚持以群众为本，选好用好贴近群众、贴近生活、贴近日常、群众喜闻乐见的方式进行文明培育和志愿活动宣传推广，将文明理念宣传融入群众日常生活，可在潜移默化中达到推宣效果。

案例点评

  社区志愿服务的良性发展是打造"共建共治共享"社会治理格局的重要结构性要素。社区志愿服务是指志愿组织和志愿者，在不计物质报酬的情况下，自愿贡献自己的时间、精力、知识、技能、财物等资源，为社区内有需要的居民提供公益性、非营利性的服务，以增进社区福利，解决社区问题。城乡基层社区一直是志愿服务最为重要、最为基本的落脚点之一，志愿服务更是以自治为中心的社区运行的重要软件。民政部挂牌的全国第一个社区志愿者组织发祥地——天津市和平区新兴街朝阳里社区，拥有光荣的志愿服务传统，是我国社区志愿服务的金字名片。新时代朝阳里社区志愿活动的开展，既是对内蕴厚重精神文明优秀传统的继承，又是在新形势下对传统的积极创新。在以人民为中心的发展思想引领下，我们必须健全新时代志愿服务体系，培育和践行社会主义核心价值观，弘扬奉献、友爱、互助、进步的志愿精神，将其作为推进基层治理现代化的有力支撑。

15 "小院议事厅"："小议事"话出"大天地"

北京前门草厂四条44号院

2019年春节前夕，习近平总书记走进位于北京前门草厂四条44号院内的"小院议事厅"，来自街道、社区、居民等方面的代表，正在这里召开胡同院落提升改造恳谈会。习近平总书记同正在议事的居民亲切交谈，并指出："设立'小院议事厅'，'居民的事居民议，居民的事居民定'，有利于增强社区居民的归属感和主人翁意识，提高社区治理和服务的精准化、精细化水平。""小院议事厅"作为充满烟火气的基层协商民主形式，是全过程人民民主的具体实践，更是"有事好商量"的生动注解。依托"小院议事厅"积极引导动员社会力量参与社区治理，着力构建"共建共治共享"基层治理新格局。

"小院议事厅"位于北京前门草厂四条胡同44号院，共占地20多平方米，可以容纳50人左右。2012年，草厂社区居民经常聚在老树下闲聊，大家互帮互助，为社区发展建言献策，这种自觉自发的邻里关系被居民称为"胡同里的120"。社区党委得知后，及时加强引导，把这种建立在"草厂一家亲"邻里和睦基础上的做法固定下来，正式成立"小院议事厅"。2013年，在社区党委引导下，"小院议事厅"从胡同层面逐步发展到了全社区层面，由社区党委委员、党员居民代表、居民小组长、社区工作者17位成员组成。从2012年草根萌芽、逐步组织化、走向平台化，到今天发展到组织、平台、空间融为一体，多元功能发挥突出。经过12年的探索，"小院议事厅"已经成为北京社区治理的理念和品牌。议事厅在社区党委的指导下，对关系居民切身利益的问题进行协商共治，从院子里的晾衣空间如何设置，到"煤改电"、设立坡道、搭建车棚等，关系到街坊邻里的大事小情都可以在这里充分沟通。"小院议事厅"议出一项项"微改造"，也议出居民的满满幸福感。居民们从社区治理的观望者、等待者转变为参与者、建设者，通过议事厅自我提出、自我讨论、自我解决，形成民主参与、民主监督、民主决策的良好氛围，"小院议事厅"也成为保证和支持人民当家作主的生动写照。

一　基本做法

2018年，社区党委结合前些年的探索，总结提炼出了党组织领导的社区协商共治"五民"群众工作法，分别从议题的收集筛选、协商讨论、共同决策、落实成果、评估反馈五个环节形成逻辑闭环，提出了民事民提、民事民议、民事民决、民事民办、民事民评的"五民"群众工作法。居民们有了什么样的问题或者遇到什么样的困难，可以及时被反馈和解决。民之所需，行之所至。社区党委依托"小院议事厅"议事协商平台，以"五民"群众工作法为基层治理的重要抓手，从"提、议、决、办、评"五个方面闭环开展工作，办实事、惠民生，真正让居民成为社区治理的最大受益者。在这个背景下，"小院议事厅"发挥的作用越来越明显，成为创新党建引领基层治理的有力支撑。

（一）"民事民提"有渠道

及时收集居民反映的各类急、难、热点问题。建立民情接待室，社区党委建立"党委书记负责社区、党支部书记负责胡同网格、党小组长负责院落、党员负责居民户"的四级社区社情民意反馈网。社区里发生的事都会在第一时间呈现在各管片"主任"的"民情晓记"上，社区通过了解社情民意，汇总信息，下情上达。

（二）"民事民议"有协商

根据"民情晓记"上的相关问题，结合"小院议事厅"成员收集的议题，定期开展议事活动，对社区内的大事小情和关系居民切身利益的问题进行协商。2019年以来，"小院议事厅"就便民服务设施设置改造、街巷环境提升、"两个关键小事"等基础民生问题，召开居民恳谈会40余次。通过社区党委向街道提出针对房屋漏雨、跑冒滴漏、院内路面塌陷等民生问题建立应急抢修队，快速排除安全隐患。

（三）"民事民决"有共识

通过讨论达成共识并制定解决方案。根据"小院议事厅"提出的议题，召开恳谈会，邀请利益相关方参与，通过讨论建言献策，达成共识形成行动举措。2014年以来，由于前门地区拆迁等原因，许多居民之间邻里关系淡漠。议事厅通过讨论，提出开展社区"邻里节"活动。这个做法增进了邻里的感情，营造出"睦邻文化"氛围。至今，草厂社区"邻里节"活动已成功举办四届，成为草厂社区的品牌活动。

（四）"民事民办"有落实

小院居民的烦心事，连着社区、街道、连着区直部门。该社区采取居民自治、委托购买和"街道吹哨、部门报到"三种形式为居民办实事。通过居民、社区居委会和街道职能科室、相关单位共同参与、共同谋划、发挥作用，多方协力，解决居民烦心事。北京市持续实施"街乡吹哨、部门报到"改革，通过党建引领探索基层治理体制机制创新，聚焦办好群众家门口的事,推动工作重心下沉、资源下沉、服务下沉,"部门围着街道转,街道围着社区转,社区围着居民转"。充分发挥"小院议事厅"上传下达作用,多方参与形成合力,群众身边的许多诉求及时得到解决。

(五)"民事民评"有反馈

通过居民自评和相关方打分,进行效果评价。积极推进"双述双评"工作,邀请群众评"事",居民及利益相关方共同构成评估小组对社区工作成效进行评议,并在年底对社区工作业绩进行总体评价,纳入年度述职考核中,确保为居民办身边事,办暖心事,办满意事。

依托"五民"群众工作法,社区党委坚持"民有所呼,我有所应",推动"接诉即办"到"未诉先办",再到"主动治理"逐步深化,切实办好群众身边的小事、难事、急事。"小院议事厅"不仅有效解决了许多问题,还提升了社区居民参政议事的能力及主人翁意识,提升了社区居民的幸福感和安全感。

二 成效经验

"小院议事厅"有效调动了居民群众、社会资源力量形成合力,共同参与社区治理,从党组织服务群众经费使用、胡同地面铺装到建设停车棚,议事内容更加多样化。居民的归属感和主人翁意识不断增强,党建引领共建共治共享社区治理新格局逐渐形成。

(一)党建引领效能持续夯实

"小院议事厅"的十年探索,为社区党委加强党建引领,夯实基层治理效能拓展了思路。草厂社区党委通过党建引领、区域统筹、各方参与,打造"草厂一家亲"党建品牌,将社区党建工作协调委员会、社区社组织、社区志愿者服务队等资源有效整合，围绕共同服务发展、共同服务群众的目标，汇聚社区治理合力。比如：全国两会期间，红心党建联盟志愿队主动参与胡同卡口值守，助力平安社区创建；驻街单位国家电网崇文供电所与社区党委共同谋划，打造智慧化用电街区并取得显著成效；社区党建工作协调委员会成员单位容和物业，连续多年为社区邻里节提供场地和资金支持。通过有效引导各方力量参与，持续激发了党建引领基层治理效能。

（二）带动居民自治效果明显

议事厅不仅解决了居民很多问题，还充分运用新时代"枫桥经验"和"浦江经验"，强化发动和依靠群众，带动更多的社区社会组织和志愿者参与到社区治理中，"知心大姐"服务队就是其中之一。服务队由19位热心党员和居民组成，坚持居民的工作居民做，成立以来，"知心大姐"协助街道、社区解决了很多邻里矛盾、家庭纠纷等问题。

（三）老旧街巷面貌焕然一新

近年来，东城区委区政府大力开展老城保护复兴工作，草厂地区人居环境发生很大变化，实现了架空线入地、雨污分流、公厕改造、燃气切改，重现了青砖灰瓦、三里水巷的古朴风貌，不仅留住了乡愁，守住了烟火气，也让居民过上了"老胡同里的现代生活"。从便民服务设施改造到提升街巷风貌，只要是居民关切的问题都可以在"小院议事厅"进行协商。社区党委聚焦"一条热线、两件小事"，以"小院议事厅"为平台，每年召开居民恳谈会，热心解决群众难题，有效回应环境整治、停车管理、调解纠纷等"胡同诉求"。在城市精细化治理中，积极开展院落微更新、微治理，实现居民微心愿。

（四）社区治理能力显著提升

推动基层治理体系和治理能力现代化，需要一支高素质专业化的社区治理人才队伍。近年来，北京市大力推动社区社会工作专业人才培养，2020年开始组织实施"优才计划"，推进社区人才队伍建设专业化、职业化。"小院议事厅"是"东城社工"运用专业方法促进居民自治的一次有益尝试，打通了民声"最后一公里"，在实践中提升了社区治理能力。2021年，草厂社区"零废弃"院落建设试点项目入选全市第二批"优才计划"试点，邀请北京林业大学园林学院的专业师生团队到议事厅和居民一起共同设计、建设"零废弃小院"，让小院居民过上"零废循环"的环保生活，真正展现了"老胡同现代生活"的历史人文生态新风貌。

"小院议事厅"作为全过程人民民主的载体，引导居民逐步向自我管理、自我教育、自我服务、自我提高的方向迈进。2018年，草厂社区"五民"群众工作法被民政部遴选为全国100个优秀社区工作法之一。2021年，草厂社区被民政部、司法部联合评为"全国民主法治示范村（社区）"。前门街道三里河—草厂四条被北京市评为党建引领基层治理示范教学点。

三　案例启示

"小院议事厅"实现了三个目标：首先是实现了草厂社区党委、居委会对社区议事协商的有序组织，社区主体组织功能得到有效发挥；其次是实现了社区居民广泛参与社区事务，社区各方力量对社区建设共同支持；最后是实现用民主协商的方式解决社区问题，将政府为民所想与民之所需有效衔接，实现良性互动。社区居委会逐步从"政府的腿"回归到"居民的头"，居民不再是"被管理者""旁观者"，逐渐转变为"参与者"和"建设者"。一些辖区单位、产权单位、物业企业等也逐渐从责任推诿者或被动参与者转变成积极参与者。在草场社区的带动下,东城区各社区在自治过程中,纷纷培育发展社区社会组织和志愿者队伍,建立以社区为平台、社会组织为载体、专业社工和社会公益人才队伍为支撑的运行机制。如今,"小院议事厅"已经成为社区协商共治的新型参与主体和有生力量。

(一)深化共建格局,打造现代社区

在共建平安社区、文化社区、宜居社区上下功夫。积极做好"四个服务",为党中央站好岗、放好哨、服好务。从红色文化、传统文化和现代文化三个方面入手,传承历史文脉,丰富百姓生活。推进胡同环境微提升,打造养老联合体,完善便民服务设施,让居住在胡同内的老街坊们更舒心。"小院议事厅"内,墙上的白板记录着近期有关垃圾分类议题形成的共识。从制定垃圾分类院落公约、让居民加入垃圾分类群到居民每天把垃圾分类的视频发到群里、鼓励积分换礼品,通过共商共建,"小院议事厅"将老胡同的垃圾分类工作推进得有条不紊。

(二)完善共治机制,凝聚人心共识

坚持党建引领,聚焦"一条热线,两件小事",运用"五民"群众工作法,拓展"小院议事厅"功能,将全过程人民民主落在实处,把"接诉即办"向"未诉先办""不诉自办"深化,将群众的矛盾解决在最基层,让社区服务更精准、更持续。多年来,草厂社区里小到感应灯安装在哪里、公共绿植空间种植哪些植物,大到架空线入地、路面铺装等工程,都是社区居民一起商量着办。居民们在生活中发现了问题,产生了诉求,就会到"小院议事厅"商量商量。邻里之间产生矛盾了,也会到"小院议事厅"化解。众人拾柴火焰高,群众的智慧也让社区的工作更

精细。

（三）坚持融合发展，探索创新共生

在胡同院落区探索文化共生、新老共生、居商共生的社区发展思路，积极促进社区文化繁荣，新老居民守望相助、和睦共处，结合地区空置院落和腾退后空间的活化利用，推动胡同居民与新入驻商家和谐共生，助推老胡同衍生新业态，迸发新活力。

案例点评

党的二十大报告提出，"增强城乡社区群众自我管理、自我服务、自我教育、自我监督的实效"。把问题解决在基层，自治、法治、德治一个都不能少。目前，北京市已有超过3100个"小院议事厅"，逐步打通"民声"的"最后一公里"，助力实现以民为本、集中民智、维护民利、凝聚民心。实践证明，以自治消化矛盾，以法治定分止争，以德治春风化雨，是实现基层"善治"的有效手段。商以求同，协以成事。习近平总书记强调："我们坚持有事多商量，遇事多商量，做事多商量，商量得越多越深入越好，就是要通过商量出办法、出共识、出感情、出团结。"[①]在人民内部各方面广泛商量的过程，就是发扬民主、集思广益的过程，就是统一思想、凝聚共识的过程，就是科学决策、民主决策的过程，就是实现人民当家作主的过程。中国文化历来就有"有事好商量"的传统，小到家庭、邻里，大到一个单位、一个国家，在涉及群众的事务上，往往通过"商量"的办法解决问题。中国的传统文化强调天下为公、兼容并蓄、求同存异，倡导团结

[①] 中共中央文献研究室编《习近平关于社会主义政治建设论述摘编》，中央文献出版社2017年版，第73页。

合作、沟通说理、协商讨论，这为社会主义协商民主提供了深厚文化土壤。只有扎根本国土壤、汲取充沛养分的制度，才最可靠，也最管用。基层协商民主广泛凝聚了全社会共识，促进了社会和谐稳定，这样做起来，国家治理和社会治理才能具有深厚基础，也才能凝聚起强大力量。

16 "三个强化"共绘民族团结同心圆

内蒙古自治区赤峰市松山区兴安街道临潢家园社区

临潢家园社区成立于2014年末，辖区面积1.5平方千米，下辖2个居民小区，已入住4374户，社区内现住有汉、蒙古、满、回、壮等13个民族共12622人，其中少数民族占社区总人口的29%；社区内由两个及两个以上民族组成的家庭户是1354户，占总户数的31%；社区党委下设4个党支部，共有党员190名，其中少数民族党员有59名，占党员总数的30%。临潢家园社区是典型的多民族聚居社区，为了让各民族像石榴籽一样紧紧地抱在一起，临潢家园社区一直致力于依托服务阵地，开展系列文化活动等方式打破文化差异这堵影响民族团结的无形之墙，增强居民间的文化认同和情感联系。

2016年，兴安街道依托临潢家园社区党群服务中心，着手打造"少数民族之家"综合服务体。2018年末，将"少数民族之家"升级打造成为"民族融合之家"，增设了蒙汉双语服务窗口、民族风情展厅、民族融合小课桌、民族技艺传承课堂、公益法律服务角等特色阵地。很快，在临潢家园社区，舞蹈、书法、手工编织等文化活动迸发活力。各族居民群众以文化为桥梁，不断扩大"朋友圈"，织密"亲情网"，营造了各族干部群众"一家人、一家亲"的良好氛围。

2019年7月15日，习近平总书记考察赤峰市松山区临潢家园社区时指出："社区是各族群众共同的家，民族团结一家亲。要深入推进民族团结进步创建进社区,把社区打造成为各族群众守望相助的大家庭,积极创造各族群众安居乐业的良好社区环境。"

一 基本做法

为了更好地服务各族居民群众,社区党委牢记习近平总书记的殷殷嘱托,充分发挥社区党组织的领导作用,采取"三个强化"举措促进各民族群众"互嵌式"发展,推动各族居民在这个大家庭当中不断交往交流交融,像石榴籽一样紧紧抱在一起,全力构建"民族团结一家亲"的和谐社区氛围。

(一)强化党对民族工作的领导,凝聚民族团结进步创建的共识和力量

根据民族团结进步创建和城市民族工作的要求,社区党委成立了统战和民族宗教工作领导小组,党委书记担任组长。配备了民族工作的专职工作人员,在网格设置了民族工作联络员。发挥党建联合体成员单位党组织和党员的作用,组建了民族政策法规讲习团。构建了两级书记抓、三支力量干、多元参与帮的民族团结进步创建组织保障。制定并落实4项民族宗教工作制度和职责,强化制度保障;在经费上,通过区政府和街道财政经费给予倾斜一点,区委统战部投入一点,市区两级民委支持一点的举措,保障了城市民族工作和民族团结进步创建工作的经费需求。

(二)强化精细化服务跟进,满足各族居民群众多样化的需求

为了满足各族居民多样化个性化的需求,把社区打造成各族居民共同

的家，在确保各族居民享有均等化公共服务的基础上，社区党委依托社区党群服务中心，着手打造"民族融合之家"综合服务体，以"家"理念、"家"关怀、"家"温暖，面向社区各族居民开展"家"服务。在民族融合小课桌，开展同唱一首歌、手工创意、民族故事会等特色课程，教育少年儿童从小树立民族团结进步的意识。在法律咨询服务驿站联合律师事务所、公证处和金融机构定期进驻社区协助开展矛盾纠纷调解、婚姻家庭和金融咨询服务。社区还设置了居家养老服务驿站和医疗卫生健康服务站，为各族居民提供免费送餐和餐费八折优惠服务，定期为各族居民开展免费健康体检。

（三）强化中华传统文化传承，大力弘扬社会主义核心价值观

社区党委大力传承中华文化，弘扬社会主义核心价值观，构建文明和谐社区。在民族风情展示窗口，通过各民族服饰、书籍、乐器、生活器具、民族婚俗等民族风情体验，满足各族居民了解中华文化的需求；在传统手工技艺传授课堂，围绕刺绣、编织等民族手工艺，进行教授传承，促进妇女居家就业创收，同时各族居民用编织刺绣作品表达了"草原儿女心向党"的心声。成立了乌兰牧骑小分队，结合端午、中秋、春节等中华民族传统节日和社区文化节，以群众喜闻乐见的形式，开展中华文化宣传交流活动。

通过"三个强化"举措，临潢家园社区呈现各族居民共建共享共荣、团结和谐、民族团结一家亲的良好局面，成为各族群众守望相助的大家庭。

二 成效经验

临潢家园社区以"家"的理念、"家"的关怀、"家"的温暖，并以"民族融合之家"为载体，让各民族居民在这个大家庭中交往交流交融，共同

谱写社区"和谐曲"。

（一）通过抓组织、强力量，筑牢社区民族团结的战斗堡垒

临潢家园社区形成于赤峰市城市化进程中，地处新老城区交界处，小区建成之初吸引了来自各地的购房者。为更好地服务居民，自成立以来，临潢家园社区党委充分发挥党组织核心作用，学习贯彻落实党的路线政策方针，根据"促进各民族像石榴籽一样紧紧抱在一起"的工作要求，注重从强化领导、优化阵地入手开展社区工作，形成了"民族团结一家亲"的社区工作新格局。为满足各族居民的生产生活需求，社区还积极探索新办法，主动与辖区以外的司法行政单位党组织联系，将法院等单位党组织吸纳到社区党建联合体中来。

社区党委从完善组织、激发内力、广借外力入手，采取两委联合建领导机构，各族党员联合建党支部，党组织联合建党建联合体的"三联三建"措施，加强对社区工作的领导。党建联合体成立以来，融合共建单位协助社区党组织解决了很多实际问题。

（二）用情用心服务，释放网格化服务效能

社区成立之初，面临着社区人口多、服务面积大、管理服务难度大，居民需求多元多样的情况。针对社区情况，社区党委秉持公平公正原则，突出区域化和精准性，持续狠抓治理、优化服务，成立了以社区党委书记为组长的工作领导小组，组建了以党员为骨干的志愿服务队，将社区划分成9个网格，每一个网格建立党小组，配齐"一长一员一团队"。在群众难题处置上，按照难易程度进行分级处理，有效推动了社区各类问题的解决。

外地迁入人员由于地域差异、风俗习惯等原因，短时间难以融入社区生活。社区积极寻找解决办法，帮助他们联系辖区小学，解决孩子上学问

题,再主动帮助他们办理相应社会保险。很快,这些人就从"客人"变成了"主人",积极参与社区事务,不断融入社区生活。正是临潢家园社区贴心细致的服务,使社区各族居民交往交流交融不断加强,各族居民的心真正融在了一起。

(三)注重文化的纽带作用,打造"民族团结之家"

临潢家园社区依托社区党群服务中心,建立了赤峰市松山区首个"民族团结之家"综合服务体,以"家"的服务理念,服务于辖区各民族居民,在服务中心内搭建了公共服务平台,理论政策宣传平台,民族团结握手平台等6个特色服务平台。与此同时,还增设了民族风情展厅、民族记忆传承课堂、便民餐厅、健康服务站等特色空间。社区还配备免费送餐、法律咨询、教授书法绘画、传授手工技艺等特色服务。

增强民族团结,文化是最好的抓手。如今,临潢家园社区文体活动队伍不断壮大,各族居民的精神文化生活更加丰富。蒙汉双语书法班单独设置了活动区域;每周三、周五举办民族工艺编织刺绣培训班等。临潢家园社区面向居民开展"家"服务,打造了"民族团结一家亲"的"临潢家园"样板。

在社区党委和居民的共同努力下,临潢家园社区先后荣获"全国宣传思想文化工作百强社区""赤峰市文明社区""赤峰市民族团结进步示范社区""全国民族团结进步示范社区"等荣誉称号。

三 案例启示

临潢家园社区大力推进民族团结进步创建工作,全力打造相互嵌入式的社区环境和社会结构,促进各族群众交往交流交融,社区民族工作不断取得新实效。从该社区的各项工作中,我们可以得到以下有益启示。

（一）以铸牢中华民族共同体意识为主线，推进社区民族工作高质量发展

聚焦全面加强党的领导，健全工作保障机制是根本保障；聚焦全面加强理论武装，健全宣传教育机制是必要举措；聚焦全面服务各族群众，健全网络化管理机制是主要抓手。推动民族工作重心下移、力量下沉，落实在社区、规范到点位的工作框架，保证了社区民族流动人口公共服务管理体系的运转。

（二）以全面构筑中华民族共有精神家园为目标，增强各族群众的认同感和归属感

临潢家园社区主动打造文化品牌，利用文化的感染力、凝聚力、整合力和创新力，以文化为载体推动社区各项工作顺利开展。一方面打响"民族文化品牌"，深入挖掘运用乌兰牧骑特殊优势，持续加大队伍建设力度，擦亮"文艺+民族"的"社区乌兰牧骑"品牌。乌兰牧骑小分队在端午、中秋、春节等中华民族传统节日期间，通过歌舞、小品等形式开展民族文化的宣传交流活动，促进各族群众在参与丰富多彩的社区文化活动中交流融合。另一方面打响"民俗文化品牌"，不断发掘各民族优秀传统文化的时代价值，让各族群众在潜移默化中夯实中华民族共同体的文化根基，不断增强各族群众对中华文化的认同。

（三）以促进各民族广泛交往交流交融为导向，增强各族群众满意度和融合度

临潢家园社区在实践上走好"造福群众"的路径，探索实行"融合党建+"工作模式。推动组织联建、工作联做、党员联管、成果联享，实现党建工作与民族团结进步工作齐抓共管、深度融合，合力推动民族团结进步

事业高质量发展，不断增强各族群众对社区工作的满意度。临潢家园社区在情感上走好"贴近群众"的路径，打造网格化管理新样板。全面掌握社区流动人口的基础信息及实际需求，分类建档管理，形成无缝隙覆盖、无死角管理的社区民族服务管理工作新局面。

案例点评

社区是增情谊、促团结的有效地理空间，更是培育中华民族共同体意识的沃土。立足实际，找准定位，临潢家园社区善用文化之力，让各族群众在春风化雨、润物无声中增进中华文化认同，牢固树立休戚与共、荣辱与共、生死与共、命运与共的共同体理念，画出民族团结进步的最大同心圆，推动各族群众心往一处想、劲往一处使，共创美好未来。

社区搭台，群众献艺，实现党建引领和社区文化的融合，促进了社区的邻里和谐。临潢家园社区的成功实践，再次证明了中华文化的强大生命力、凝聚力和号召力。中华文化是主干，各民族文化是枝叶。根深干壮，才能枝繁叶茂；枝繁叶茂，才更显主干生机。各民族文化在中华文化的百花园中尽情绽放，中华文化将越发光彩夺目，为铸牢中华民族共同体意识提供更丰厚滋养。

17 民意"彩虹桥"架起民主"直通车"

上海市长宁区虹桥街道古北市民中心

虹桥街道下辖的古北社区是上海首个涉外居民区，也是目前全市辖区面积最大的居委会之一，下辖42个自然小区，居民近1.2万户、3.3万余人，其中实有人口的51%是境外人士，来自50多个国家和地区，大家都称这里为"小小联合国"。多元文化交融下，一个集中外融合的市民之家、"一网通办"的服务阵地、国际社区等多种功能的公共服务载体——古北市民中心应运而生。古北市民中心坐落于长宁区富贵东道99号，2013年9月29日正式启用，总面积约为2500平方米，共三层。该市民中心集事务受理、生活服务、文化交流、社区共治等服务功能于一体，立足古北、辐射虹桥，为生活和工作在古北的中外人士打造一个便利、温馨、精彩、融合的市民之家。2015年7月，上海市长宁区虹桥街道成为全国人大常委会法工委在全国的四个基层立法联系点之一。从2015年7月成立至今，作为全国人大基层立法联系点，虹桥街道共听取67部法律草案意见，上报建议1363条，其中101条已经被采纳，征询意见11038人次。作为上海市人大基层立法联系点，共听取19部地方性法规草案意见，上报建议305条，其中18条被采纳；作为上海市政府基层立法联系点，听取6部规章草案意见，上报建议34条，7条被采纳……这些数字都被制作成了动态更新的标识，展示在古北市民中心。每一次有数字变化，都代表一个新的建议被采纳、一部新的法规得到了来自基层的充分讨论。

2019年11月2日，习近平总书记来到长宁区虹桥街道古北市民中心考察调研，听取社区开通社情民意直通车、服务基层群众参与立法工作等情况介绍，逐一察看涉外人员服务窗口、老年助餐点等，了解社区生活、文化、养老等便民服务情况。习近平总书记指出："我们走的是一条中国特色社会主义政治发展道路，人民民主是一种全过程的民主，所有的重大立法决策都是依照程序、经过民主酝酿，通过科学决策、民主决策产生的。希望你们再接再厉，为发展中国特色社会主义民主继续作贡献。"

一 基本做法

把"人民群众对美好生活的向往"作为奋斗目标，古北市民中心在将人民美好生活的"施工图"高质量转化为"实景画"过程中，不仅调动了居民参与街区治理的积极性和主动性，也拉近了社区和居民之间的距离，越来越多的居民参与到社区治理中，形成了共建共治共享的格局，不仅提升城区环境品质，也让美好生活触手可及。如今市人大、市政府的基层立法联系点已有50个，覆盖全市16个区，涉及各个不同领域。这些基层立法联系点贯穿人民民主的全过程，在参与立法、监督执法、促进守法和宣传普法等领域提质增效，打通了立法"最初一公里"和"最后一公里"。

（一）畅通民意的"直通车"

上海市长宁区虹桥街道古北市民中心内有一幅绚丽的漫画引人注目，一道彩虹架联起人民大会堂和虹桥街道，一只白色信鸽带着一封书信，从街道飞往人民大会堂，信封上写着"虹桥街道全国基层立法联系点"。一幅长轴画卷，细细描摹出"全过程人民民主"在社区实践中的点点滴滴。基层的立法建议通过基层立法联系点原汁原味地反馈到立法机关，这也是全过程人民民主重大理念的生动写照。从全国人大的基层立法联系点开始，市人大基层立法联系点以及市政府基层立法联系点不断扩点提质增效，成为接地气、察民情、聚民智的"直通车"，将全过程人民民主贯穿于立法的全时段全领域。以市人大基层立法联系点为例，仅2021年上半年，25个基层立法联系点就提出了1550条建议，实际采纳建议数236条，涉及包括《上海市知识产权保护条例》《上海市养老服务条例》《上海市促进多元化解矛盾纠纷条例》《上海市红色资源传承弘扬和保护利用条例》等11部地方立法。同样的立法成效也体现在市政府基层立法联系点上，实现25个立法联系点全部参与立法意见征询、市政府立法项目全部征求联系点意见"两个全覆盖"。

（二）呼应民生的"晴雨表"

躬身于"世界级生态岛"建设的崇明人家怎么也没料到，衍生于乡土生活的想法会被聆听到、被感知到，进而被写入法规文书。2020年6月19日，崇明区农业农村委基层立法联系点就《上海市公路管理条例》召开首次意见征询座谈会，重点围绕"农村公路与乡村振兴"启动相关调研工作。崇明区农业农村委基层立法联系点是上海第一家"农"字号基层立法联系点。三个月内，该联系点积极立足乡村振兴和"三农"发展需求，针对《上海市公路管理条例》分别组织开展2批次区、镇、村三级相关职能部门、养护单位、信息采集点召开座谈会及书面征询活动。其间，崇明相关人大代表、村民代表、基层公路管理部门充分表达了"农村公路标准较低，不适应现代农业发展、乡村旅游发展与世界级生态岛建设要求"的现状，及将农村公路打造成乡村旅游闪亮名片的愿景。最终，联系点报送修改意见建议24条。而基层立法联系点提出的"市人民政府应当完善农村公路养护资金补助机制"这一意见，也成为法规的正式条款。为更好回应市民群众的法治保障需求，提高立法计划编制的针对性、科学性和民主性，各基层立法联系点积极参与立法计划建议项目的征询和论证工作。浦东新区工商联联系点召开研讨会征求浦东新区法规立法建议项目，有民营科技公司负责人提出有关知识产权保护方面的立法需求，当年就转化为《上海市浦东新区建立高水平知识产权保护制度若干规定》，实现"民有所呼，我有所应"。

（三）基层法治的"传感器"

基层立法联系点融合立法意见征询与反映群众呼声、培育法治精神、普及法律知识、参与社区治理等功能，成为群众参与法治建设和社区治理的重要平台。

比如2021年，业主在小区内修剪砍伐树木产生巨额罚单引起热议。如何管理社区树木修剪砍伐？小区树木谁是管理主体、为什么要修剪砍伐、修剪砍伐的申报流程应该怎样做才符合现行的法规要求？2021年10月21日下午，闵行区金领谷基层立法联系点和九星村基层立法联系点以"一棵树引发的善治思考"为主题开展了第二次法治观察会议。上海市委党校专家、区人大代表以及民建闵行区委、区法学会、区司法局、区城管局、区绿容局、马桥镇人民政府、小区业委会代表从各自不同的视角探讨社区树木修剪砍伐善治的"最后一公里"，基层立法联系点的工作也得到加强。

二 成效经验

（一）党建引领惠民生，"提议行督"解难题

街道充分发挥基层党组织政治引领、整合资源和动员群众作用，立足社区实际，搭建古北市民议事厅，探索出一套"自主提事、按需议事、约请参事、民主评事、跟踪监事"的运作机制。通过"提、议、行、督"，围

绕文明养宠、街坊道路行车安全、停车难、物业管理费涨价等公共议题，让"众人的事情众人商量"。在黄金城道建立街区党建联盟，坚持互融理念、依托互融平台、创新互融机制，通过参与式规划汇聚众人智慧，在黄金城道"融·阡陌小筑"公共休憩空间成功实现人车分流，为《上海市城市更新条例》颁布提供案例。在距离万科广场不到500米的黄金城道，就是最好的见证。在这里，街道将"人人参与提案、凝聚各方共识、推动共建共治、持续优化提升"落实到改造更新的各个方面，于是，融·阡陌小筑、自然研习小径、银杏生活节等凝聚众人智慧的"金点子"变成了"金果子"，让黄金城道焕发出勃勃生机。

（二）搭建"彩虹桥"，民主融入百姓家

古北市民中心作为"家门口的公共服务平台"，全面融合宣传教育、事务受理、生活服务、文化交流、法治共治等功能。充分发挥"民意直通车"作用，注重用民主方式解决民生问题，引导中外居民主动参与社区事务、城市治理，通过办好一件件群众的"关键小事"，让更多"家门口的声音"听得到、可采纳，民主"获得感"看得见、能体验。街道坚持"人民城市人民建"的重要理念，将"问需于民、问计于民"作为最优的解题思路，通过反复的意见征询会，广泛聆听、征求周边5个居民区居民以及沿街商户的需求、建议，发挥他们积极性，让大家共同参与到街区治理全过程。最终，以"聚焦街区环境，打造形态美；聚焦小区建设，打造生态美；聚焦社区治理，打造神态美"为目标的街区更新计划应运而生。

邻里会客厅、虹·邻里小站、街区故事墙绘等一批"封面级"的城市更新作品脱颖而出，装点家门口的亮丽风景；街区共创展、安顺邻里节等一批喜闻乐见的品牌活动吸引居民近悦远来，为群众搭建凝聚亲情与活力的平台，让这条充满生活气息的历史街区慢下来，亮起来，亲起来。与此同时，街道相继推动沿线10个精品小区建设全覆盖，涉及面积28.8万平方

米，惠及居民5743户，全面提升居民宜居品质；累计30部加装电梯在5个居民区中拔地而起，在建成电梯的楼道内叠加百姓可选择、有需求、共参与的"圆梦楼道"项目，不断扩大电梯加装的规模效应和良好社区氛围。

（三）绘出"美好生活圈"，凝聚民心可持续

坚持在阵地功能布局上推动党群服务圈与社区15分钟生活圈融合发展，在全面调研了解社区全龄化需求的基础上，通过服务更好贴近群众，确定了包括交通出行、服务、休闲、治理等四大类、九个项目清单，整合区域党建资源，以社区可持续共创行动，汇聚形成治理共同体。先后举办"行走中的绿色""融情四季""银杏艺术季"等一系列特色主题活动，推动"商旅文"有机融合，更好满足中外市民对家门口美好生活期盼。每到周末，由居民、商铺发起的精彩纷呈的街区活动，让这条商业街上的人气暴增、热闹非凡。如今，一个环境更优美、服务更精细、治理更智慧、居住更幸福的国际社区已跃然眼前，而街道在实践中提炼的"提、议、行、督"议事制度还在持续发酵，"全过程人民民主"的种子在社区生根发芽，为社区更新注入源源不断的活力。

三 案例启示

基层治，则天下安。在科层制的行政管理体系中，如何调动各个城市治理主体的积极性，把管理和服务力量放到基层，这是城市治理的一大难题。许多城市洞悉到了从"管理"到"治理"的一字之变的要义，但未必掌握到了让居民化被动为主动去参与"共治"的有效方法。成功的社区治理要动员社会各方力量参与，构筑由多方参与的公共对话平台，这也正是古北实践中最闪光的探索之一。作为"全过程人民民主"重大理念的发轫地，把居民的意见呼声融入社区的治理建设中，共同协商、凝聚共识，已

成为街道工作人员解决民生问题的出发点。基层民主不仅进一步拓宽群众有序参与渠道，也更加有效地了解群众需求、汲取群众智慧、倾听群众意见，有助于把工作做到群众心坎里。把民意民智作为送上门的信息资源、送上门的专家咨询，可以看到公共政策、公共服务的盲点、堵点、痛点，把"诉求"变"建议"，把"你和我"变"我们"，把"被动"变"主动"，让全过程人民民主体现到城市建设和社会治理的各方面，坚定不移贯彻"众人的事情由众人商量"理念，突出党建引领，集中群智群力，进一步厚植党执政的群众基础，让民意"金点子"源源不断转化为社会治理效能的"金钥匙"，结出利民惠民的"金果子"。

案例点评

党的十八大以来，以习近平同志为核心的党中央不断深化对民主政治发展规律的认识，进一步探索发展符合中国国情的民主新路。全过程人民民主，开辟了我国社会主义民主发展的新境界，成为推进实现国家治理体系和治理能力现代化的重要内容，成为全面建设社会主义现代化国家的时代命题。从国家立法，到城市治理，再到基层群众自治，长宁区不断践行着全过程人民民主重大理念，把全过程人民民主落实到每一项条款修订、每一次意见征集、每一次议事会中，人民意愿得到充分表达，群众获得感、幸福感、安全感也在参与民主过程中得到充分提升。建设人民城市需要紧紧依靠人民、不断造福人民、牢牢植根人民，强化人民群众参与的制度化保障，让人民群众真正成为城市发展的积极参与者、最大受益者、最终评判者，实现人与城市的相互成就。

18 用心用情为群众服务

湖北省武汉市东湖新城社区

  武汉市东湖风景区东湖新城社区成立于2010年12月，辖区唯一的居民小区东湖庭园小区是一个村改居型的还建小区，共有居民楼32栋，居民4801户、8839人，其中租户占了近六成。2020年3月10日，习近平总书记来到湖北省武汉市东湖新城社区，实地察看社区卫生防疫、社区服务、群众生活保障等情况。习近平总书记在此次考察时强调："抗击疫情有两个阵地，一个是医院救死扶伤阵地，一个是社区防控阵地。坚持不懈做好疫情防控工作关键靠社区。要充分发挥社区在疫情防控中的重要作用，充分发挥基层党组织战斗堡垒作用和党员先锋模范作用，防控力量要向社区下沉，加强社区防控措施的落实，使所有社区成为疫情防控的坚强堡垒。打赢疫情防控人民战争要紧紧依靠人民。要做好深入细致的群众工作，把群众发动起来，构筑起群防群控的人民防线。"

一 基本做法

在社区党群服务中心，习近平总书记同社区工作者、基层民警、卫生服务站医生、下沉干部、志愿者等进行了亲切友好的交流。社区注重搭平台、畅民意，线下线上发布《致居民的一封信》，设置"书记信箱"，定期召开"厅长议事会""居民议事会"，让群众提意见、提思路、提需求，引导居民群众共同参与社区建设。在社区居民眼中，社区发生了很大变化：团购的蔬菜放在了门口，随之而来的还有捐赠的"爱心包"。升级改造幸福食堂，面积增加一倍，老年人吃饭还可以打八五折……区、街、社区、共建单位同心协力，一件件民生实事项目落地落实。

（一）矛盾纠纷萌芽"自主化解"，社区里建起商户联合会

东湖新城社区下辖商超、建材、餐饮等商户共243家，管理难度较大。为进一步优化小区周边营商环境，解决商户共谋发展问题，东湖新城社区党委发动辖区单位东湖飞跃公司、商户代表探索组建商户联合会，推动多方力量主动融入基层社会治理。针对客人多、部分摊位占道经营等问题，商户联合会的定期座谈会上展开了深刻的讨论与分析。经联合会成员讨论，拿出恰当方案并得到商户们一致认可。商户联合会制定出《商户公约》等制度，充分发挥商户自我管理、自我服务、自我监督的主动性。深入开展商户环境卫生、消防安全、治安防范等方面的自查互查活动，商户经营中的各项问题逐步由"被动管理"到"自主解决"，小区周边营商环境进一步提升。"总书记叮嘱我们，给人民群众当服务员，不能干巴巴、硬邦邦的，要让群众如沐春风。我一直将这句话当作工作准则。"社区党总支书记陶久娣说，在化解矛盾难题时，社区充分尊重居民需求，将居民

建议纳入决策中来。

（二）精细服务"一老一幼"，幸福食堂惠及上千老人

习近平总书记考察东湖新城社区时，十分关心群众"吃"的大事。社区老人多，独居老人做饭不方便，相关工作人员在下沉单位、公益组织的协助下，开设了社区幸福食堂，每日为有需要的老年人供餐。幸福食堂依托辖区餐饮企业提供助餐服务，为高龄、孤寡、不能自理老人提供补贴，还免费提供送餐上门服务。开业三个月已服务1000余人次，有效解决老年人特别是生活不能自理、孤寡、空巢等老年群体"吃饭难"问题。一系列共同缔造项目的实施落地，让居民可以实实在在享受幸福生活。

二 成效经验

（一）要用心用情用力服务群众

习近平总书记在给东湖新城社区的回信中提到："社区仍然是外防输入、内防反弹的重要防线，要用心用情为群众服务。"这让社区书记陶久娣感慨，武汉解除离汉通道管制措施后，社区工作更需要加强了。东湖新城社区对出行人员实施四步管理，对外地返汉人员则采取网格员一对一服务。实践中社区党委发现，让党组织扎根群众最有效的途径就是要让每个居民的声音都能"被听见"，让居民们的合理诉求都能"被落实"。他们通过"民呼我应"线上线下多个渠道，利用"网格+网络"多种形式收集居民意见。

（二）社区微治理也能带来大改变

用心用情为群众服务，离不开面对面经常接触群众的社区网格员。如今，东湖新城社区的网格数量由8个增至12个，每名网格员服务居民户数由平均500多户减至300多户。一是基层治理的改变。东湖新城社区牢记

习近平总书记嘱托，把居民的琐碎事、平常事当大事、要事去办，坚持把群众的需求放在首位，凝聚各方力量，形成多元共治合力，建设居民幸福的美好家园。东湖新城社区凝聚起350余名社区党员和居民骨干为大家服务，只要居民"点单"，党员干部就"接单"，团结各方力量，化解社区难题。实现居民小事不出小区，大事不出社区。社区还建设了"零碳社区"示范项目，光伏发电新能源汽车直流快充站也是武汉市首个社区光伏发电快充示范站，是国网武汉供电公司"党员下沉"融入"零碳"社区的示范项目。东湖新城社区获评武汉首批碳中和先锋示范创建单位。二是统筹各方资源。经过警务室、社区、物业、科技公司多家单位努力，上线云警智慧管理系统，实现了对流动人口和出租房屋的规范化管理。社区217家商户开展"十户联防"，形成了由20名商户业主担任"户长"的群防群治网络。社区面貌日新月异，越来越多居民主动参与社区建设服务。由79位社区居民自发组成的"老东湖"巡逻队成为一道亮丽的风景线。

（三）形成的推广经验

1.统筹社区治理资源。目前东湖新城社区已经形成了一支由社区工作者、下沉单位、志愿者队伍、报到党员、社工团队等8支力量组成的工作团队，将党建引领下的多方响应的社区服务力量凝聚起来。东湖新城社区"陶久娣书记工作室"设置之后，工作室提出了"五共五联五力五步"工作法，推动实施名书记"1+17"帮带工程，把党建引领基层社会治理的宝贵经验，传授给更多的社区干部。

2.打造社区治理品牌。通过组建"老东湖"巡逻队等党建品牌，探索形成基层社区自治、法治、德治"三治"融合的治理新路，推动形成"大党委"联席会议机制、工作队联动机制、单位包片责任机制和服务清单推进机制。统筹社区500多人的工作者、下沉单位、辖区单位、报到党员、社区民警、物业人员、社工团队、志愿者等服务居民群众的治理资源，既打造社区生活共同体和应急联动共同体，着力解决居民群众所急、所忧、所盼，不断增强居民获得感、幸福感、安全感。

3.用好志愿服务力量。东湖新城社区充分利用湖北省委办公厅、武汉市旅体集团、武汉市东湖风景区管委会等单位党员干部下沉资源，组建下沉干部服务队和突击队。下沉干部服务队列出年度服务清单，开办老年人康养服务中心、"阳光屋"心理服务站，组织为小区道路升级等工作，有效解决社区"责任无限、资源有限"的难题。

三 案例启示

（一）舍小我，成大我，社区与居民双向奔赴

东湖社区在面对新冠疫情挑战时，展现了以人为本的社区治理理念。社区党群服务与工作人员始终将居民需求置于首位，居民们展现出高度的理解与配合，形成了居民与工作者之间的良性互动。疫情的考验加深了居民与社区的相互理解与支持，大学生志愿者积极参与社区服务，承担社会责任，成为青年一代勇于担当社会重任的生动写照。东湖社区在疫情期间的紧密协作与共克时艰，不仅巩固了社区内部的凝聚力，也为培养青年一代的社会责任感树立了榜样。

（二）促进居民自我管理，建立社区发展模式

东湖社区是社会工作引领社区发展的典范，其特色在于居民自治模式——自我管理、服务、教育与监督。面对社区问题，如摊位管理与孤寡老人饮食，居民组织联合会与社区协同决策，居民成为主要决策人，集思广益。社区工作者尊重并响应居民需求，共同努力营造美丽、友好、和谐的社区环境。

（三）坚持人民主体地位，做到民有所呼我有所应

东湖社区秉持人民至上的原则，倾听居民心声，持续推进社区发展与完善，致力于打造居民友好型社区。作为"村改居"的典型，社区积极应对居民对新居住模式的适应挑战，通过深化"三方联动"机制，有效推进社区改革，增强基层治理能力，加速社会与社区进步，为全国社区治理树立了标杆。

案例点评

社区工作连接千家万户，是完善社会治理的最基础平台，也是体现党建引领社区基层治理的"最后一公里"。首先在社区治理方面，东湖社区有效地整合了政府、居民、社会组织等多方资源，形成了一个协同共治的良好局面。社区通过建立完善的组织架构，明确各方职责，确保了社区治理的高效运转。同时，社区还积极推行民主决策，广泛听取居民意见，使决策更加贴近民意，增强了居民对社区治理的认同感和参与感。其次在社区服务方面，社区充分考虑居民的需求和利益，提供了多样化的服务项目和活动。社区还注重文化建设和环境保护，提升了社区的整体形象和品质。这些举措不仅促进了社区的经济繁荣，也增强了居民的归属感和幸福感。最后在社会工作方面，社区充分发挥社会工作的专业优势，为居民提供了个性化的服务和支持。在党员干部与居民同心、志愿者与群众齐心、警务人员与物业精心的三重呵护下，东湖新城社区把"用心用情为群众服务"的理念融入社区工作的方方面面，共同打造温暖和谐的幸福家园。

19 "乐业安居"让搬迁安置群众重拾家的感觉

陕西省安康市平利县老县镇锦屏社区

2020年4月21日,习近平总书记来到陕西省安康市平利县老县镇锦屏社区考察调研,实地调研了三秦电子、毛绒玩具等两家社区工厂,对"山上兴产业,山下建社区,社区办工厂"发展思路给予肯定,提出"乐业才能安居"等重要指示。他指出,移得出、稳得住、住得下去,才能安居乐业。要住得下去就要靠稳定就业,务工是主要出路。要实实在在做好就业工作,不能搞形式主义。易地搬迁群众来自四面八方,加强社区建设很重要。基层党组织要发挥领导核心作用,把社区管理和服务工作抓好,求真务实,让人民群众获得实实在在的好处。

锦屏社区是移民搬迁后形成的新型农村社区,位于陕西省安康市平利县老县镇,建成于2016年,总面积1.5平方千米。2018年,锦屏社区"两委"成立。现已安置全镇11个村的1346户高山危住户、地灾户和贫困户,共4173人,是全镇搬迁群众最多、规模最大的移民搬迁安置社区。辖区共有党员59人,有企事业单位5家、各类党组织3个。锦屏社区先后获得"全国最美搬迁安置社区""全国民主法治示范社区""全国先进基层群众性自治组织""省级充分就业社区""省级妇女儿童之家示范点""安康市创业就业先进单位""安康市文明社区""全省综合减灾示范社区"等荣誉称号。

一 基本做法

（一）党建引领促共治，确保搬迁社区"稳得住"

近年来，锦屏社区党支部牢记嘱托、真抓实干，努力建设治理暖心、乐业安心、生活舒心的"幸福家园"。锦屏社区建设标准化党群服务中心，精心打造党建文化长廊，配套建立妇女儿童之家、矛盾调处中心等，形成"1+1+N"阵地联盟，充分"聚人气、聚民心"；组建"党员志愿服务队"，举办"广场集中宣讲""红色小课堂""书记讲党课"等活动，建强党群活动阵地，与相邻党支部开展联讲联学300余场，强化党性教育、凝聚奋进力量；线上建立"党建O2O"网络党支部，线下建立三级网格管理体系，从搬迁群众中选用有责任心的党员、群众担任网格长、楼栋长参与社区管理（除了负责掌握每家每户的情况、调解邻里纠纷等工作，还负责在居民、原村委会、社区居委会之间进行沟通协调），通过"双网融合""群众点单、社区派单、党员接单、受众评单"，年排查化解矛盾50余件、解决群众诉求200余件；建立党支部联系边缘户抓防止返贫、党员联系楼栋抓矛盾调解、网格员（楼栋长）联系居民抓便民服务（简称"三联三抓"）机制，全面加强社区服务管理；打造"锦屏小管家"红色物业，推行多元沟通议事机制，居民变"站着看"为"跟着干"，社区居民参与感和自治力有效提升；培育发展社会组织，实现自我管理、自我教育、自我服务、自我监督。根据社区居民的实际情况和特长，成立社区红白理事会、禁毒禁赌会、道德评议会、志愿服务队、文化艺术团等社区社会组织，协助社区"两委"面向社区居民开展丧葬服务、树立道德典型、整治环境卫生、关爱残疾人、空巢老人和留守儿童等公益性服务活动，形成新型农村社区管理服务合力，全力打造农村社区社会管理和公共服务的新平台，让广大居民群众充分享受到身边的贴心服务，形成社区和居民共治合力。

（二）制度保障贴民心，确保搬迁社区"住得安"

锦屏社区为居民提供优质高效便捷贴心的服务，保障服务管理不失衡、不缺位。一是全面落实"一中心、五大职能、多项制度"。"一中心"即社区服务中心；"五大职能"即便民服务、计卫食药服务、社区文教体活动、社会管理服务、居家养老服务照料等职能；"多项制度"即开展相关职能服务的各项工作制度以及政策保障和经费保障，以制度为服务保驾护航。二是全面落实"四卡一册"服务。"四卡一册"即便民联系卡、便民服务卡、警民联系卡、"一户一法"增收明白卡和"五星级社区"创建宣传册。其中，便民联系卡提供社区管理人员、中心户长、楼长、单元长的姓名、联系方式及管理职能；便民服务卡提供与社区居民日常生活息息相关的水、电、气等便民服务联系方式；警民联系卡提供社区警官、法官、检察官及律师的姓名及联系电话；"一户一法"增收明白卡根据每一户的实际情况，制定切实可行的增收对策；"五星级社区"创建宣传册印制"五星级社区"创建、"十星级文明户"评选、讲文明树新风等相关知识，做到家喻户晓。三是全面推行"居住簿"制度。为辖区内搬迁安置群众中未办理户口迁移的人员发放"居住簿"，载明迁出地和安置地（社区）相关的服务工作，实行户籍居住双重服务管理，即"原籍管理地和林，社区服务房和人"，搬迁户在户籍所在地的与土地、林地、生产资料等资源的使用权和所有权不变，让搬迁群众吃下迁出地和迁入地权益双保障的"定心丸"。同时，搬迁群众在锦屏社区享有子女就近入园入学、农村合疗和养老保险等社会保障、人口和计划生育等公共卫生服务和社会救助的申请办理、劳动就业创业、水电路通信等公共设施服务的权利，确保搬迁群众各项权益衔接到位、更好享受基本服务，实现安居。

（三）"十小工程"送温暖，推动搬迁群众"快融入"

为尽快补齐移民搬迁社区基础设施和公共服务短板，解决搬迁群众生产生活难题，安康市平利县探索建设强化后续帮扶的小管家、小配套、小平台、小库房、小餐厅、小课堂、小厅堂、小市场、小菜园、小公墓"十小工程"。锦屏社区按照"15分钟服务圈"目标，大力实施"十小工程"，着力补齐基础设施短板、解决生产生活难题。"小管家"为居民提供老年人日间照料、儿童托管、亲情连线等服务，解决搬迁群众管理服务问题。"小配套"指完善社区的道路、饮水、用电、环卫等基础设施配套，解决安置社区基础设施短板问题。"小平台"指规范提升社区活动中心、卫生室、警务室、图书阅览室、老年活动室、儿童托管中心、日间照料中心、健身活动场所等配套服务设施的服务水平，满足搬迁群众公共服务需求，解决搬迁群众居住质量问题。"小库房"解决搬迁群众物资物品存放难问题。"小餐厅"为重残、重病、智障等生活不能自理的搬迁群众，提供集中就餐和送餐上门等服务，解决搬迁特殊群体吃饭问题。"小课堂"不仅为集镇及周边中小学生提供暑期义务作业辅导，还为居民提供创业就业、文明礼仪等培训，解决搬迁群众技能培训问题。"小厅堂"统筹利用社区闲置资源，为居民婚丧嫁娶提供免费场所，实行有偿使用、统一管理。一方面，婚丧嫁娶的操办都按章执行，解决了群众的"烦心事"；另一方面，通过统一管理和引导，可以推进移风易俗，倡导社会新风尚，有效解决搬迁群众婚庆嫁娶场所问题。"小市场"指科学布局生活超市、金融网点、公交站点、电商网点、快递物流等服务设施，积极建设农产品线上线下交易市场，拓展农产品销售渠道，解决搬迁群众购物不便等融入问题。"小菜园"是社区建的"安心菜园"，对有种菜愿望、具备种植能力的搬迁户合理配置菜园种菜，只要自家的地距离社区超出2千米，居民就可以申请一块菜园，经审核后按户均0.1亩免费分配，首批流转土地80亩，可供800户搬迁群众耕种，满足群众"吃菜不花钱、种菜有土地、买菜不上街"的生活需要。小菜园特别受欢迎，甚至"供不应求"，解决了搬迁群众吃菜难问题。"小公墓"坚持节地生态，弘扬科学健康、文明节俭的丧葬新风尚，解决农村文明殡葬问题。锦屏社区把关涉群众利益的一件件民生实事抓实抓细抓出成效，保障搬迁群众融入新社区、乐享新生活。

（四）振兴产业稳就业，助力搬迁群众"能致富"

锦屏社区按照"山上兴产业、山下建社区、社区办工厂"的发展思路，以发展产业稳定就业，助力搬迁群众逐步致富、防止返贫。锦屏社区既鼓励群众流转土地、收取租金，也引导大户规模经营、兴办产业，先后培育专业合作社、新型经营主体22家，带动115户增收。按照"一户一法"的要求，积极落实产业帮扶，发展茶叶、绞股蓝等产业800亩，将贫困群众嵌入产业链中稳定增收。搭建"信息共享、技能培训、创业就业"三个平台，采取联系企业用工、引导劳务输出、组织灵活务工、开发公益性岗位等"四个一批"方式，依托镇工业园区12家企业，解决就业岗位150余个。大力实施"社区办工厂"，在培育开发绿色低碳的社区加工业企业和就业岗位作出了积极尝试。2018年至今，锦屏社区已开办电子元件、毛绒玩具、手套加工、鞋袜生产等6家社区工厂。发展电子商务，培育农村淘宝网店2家、快递公司3家，累计带动900余户群众实现就近就业创业。凭双手脱贫致富，靠奋斗自立自强，增强了搬迁群众创造美好生活的信心和底气。

二 成效经验

（一）以党建引领为龙头，建强社区服务主阵地

锦屏社区在老县镇党委指导下成立党支部，充分发挥党建引领作用，组织民主选举产生社区管理委员会、调委会、治保会等组织，确保有一支

队伍来管理社区日常工作。面对社区人口多且户籍关系复杂（有本村的，有外村的，还有外镇的）的现实，按照"不漏一户、不漏一人"的要求，对社区里所有的住户进行详细摸底，并充分尊重搬迁户的意愿，落实好户籍双重服务管理办法，视情况进行科学分类，对集中居住1000户以上的，划为"单独社区"管理；集中居住500~1000户的，采取"村社合一"管理；集中居住500户以下的，采取单设"居民小组"模式管理。建立以党组织为核心的网格化管理体系，将支部建在网格上，将党建、民生、社会治理、安全生产等工作下沉到网格，探索推行"群众点单、社区派单、党员接单、受众评单"的"四单"制，积极落实"一卡一牌""两张网"，广泛开展为民办实事"微服务"活动，不断提升社区综合管理水平，努力打通服务群众"最后一公里"。探索实施"微实事、微服务、微心愿""三微"工作法，建立"红色驿站党员志愿服务点"，以"乐业安居、幸福锦屏"为目标，突出置家业、兴产业、扩就业、促创业、优物业，推行"新社区新工厂+微服务微治理"模式，通过实施"建强一个党群服务主阵地、建好一条产业就业增收链、建设一批配套基础设施、建立一套服务保障机制、健全一张社会治理网"等"五个一"机制，探索出一条以党建"龙头"统筹易地搬迁社区发展的新路子，倾力打造搬迁群众乐业安居的"幸福家园"。

（二）以精准服务为抓手，增加社区群众幸福感

锦屏社区以"幸福家园"建设为抓手，把"一切为了群众"作为工作的出发点和落脚点，坚持从小事做起，无私奉献，发扬"公仆"精神，既办理好日常居民服务项目，还为居民创业创收提供指导，更把社区当一个大家庭来建设，精准服务。社区先后建成新时代文明实践站、红色驿站、日间照料中心，大力实施"新社区新工厂微治理微服务"模式，积极推行"四单"服务机制，大力开展"为民办实事"微服务活动，全方位向群众提供政策咨询、便民代办、矛盾化解等贴心服务，建成集镇南区至马家沟安置区连接线

道路，完成社区绿化、美化、亮化等工程，切实把易地搬迁安置区打造成搬迁群众的幸福家园，让每一个居民都能感到社区这个大家庭的温暖。同时，以坚持发动群众为支点，在建立《社区居民自治公约》《社区居民文明公约》《社区居民环境卫生公约》等各种规章制度并遵守执行的情况下，充分发挥群众的主体作用，积极组织、发动和引导群众更好更快地融入到社区建设中来，变被动管理为主动管理和共同管理，实现家家户户争相开启美好新生活的良好局面。充分利用文化阵地开展系列文化惠民和志愿服务活动，大力弘扬红色文化、孝道文化和传统文化，创编茶乡民歌、茶山舞蹈、快板"说唱老县"等一批文化作品，举办各类文艺演出活动，丰富了社区居民精神文化生活。依托党员活动室播放红色经典电影、开展送学上门活动，让文明新风浸润社区每一个角落，定期开展消防安全演练及巡查检查，常态化推进人居环境整治行动，让社区搬迁群众生活得越来越"安居乐业"，社区群众幸福指数节节攀升。

三 案例启示

锦屏社区的做法和成效彰显了其搬迁社区移民政策的执行过程、搬迁社区中移民群体的社会融入以及搬迁社区的治理策略。锦屏社区以党建引领促进制度落实、促进社区与群众形成共治氛围，以振兴产业为抓手解决就业创业问题、促进移民群体的社区融入，以"十小工程"着力为居民提供宜居、宜业、宜养的环境和惠民、利民、便民的服务措施，补齐社区基础设施短板、解决搬迁群众生产生活难题。探索"新社区、新工厂、微服务、微治理"的"两新两微"实践模式，在微服务微治理中创造品质生活。引导村民全面提升文化素养，摒弃陈规陋习，形成良好的环卫和文明习惯，提高群众参与人居环境整治的积极性、主动性，助力人居环境改善。由山上多个村的村民搬迁聚集而成的锦屏社区，将在一段时间里村民摆摊设点没有秩序、农具设施随处乱放、垃圾污水到处可见的锦屏社区旧貌换新颜。如今的锦屏社区坐落于绿水青山之间，一栋栋灰白相间的安置楼错落有致，一条条平坦的硬化道路纵横交错，一盏盏明亮的太阳能灯矗立路边。小河碧波从社区前蜿蜒流过，山上茶园春意盎然，山下居民幸福安居，幸福的路越走越宽。

案例点评

锦屏社区持续巩固提升脱贫攻坚成果，接续落实搬迁群众"搬得出、稳得住、快融入、能致富"，围绕"长效机制"这一关键点做实做细，搬迁群众不仅实现了稳增收，也迎来了新生活。锦屏社区以搬迁群众安居乐业为目标，抓实稳就业、兴产业、置家业工作，促进搬迁群众增收，构建了易地扶贫搬迁户后续帮扶机制，不断增强搬迁群众的获得感、幸福感和安全感，为巩固脱贫攻坚成果、接续乡村振兴打牢坚实基础。党建贯通易地搬迁后续管理服务全过程，做到群众搬迁到哪里，党组织就建到哪里，服务就跟到哪里，进一步完善易地搬迁的后续扶持对策，主要做到完善后续扶持战略重点、创新后续扶持体制机制、健全后续扶持措施。从物质供给向能力提升转变、产业扶贫向产业振兴转变方面完善，积极从搬迁群众务工就业、产业发展、社会融入、社区管理等方面构建了行之有效的长效机制，积极改善农村基础设施和公共服务设施、培育扶持发展特色化长效产业、提升搬迁社区治理水平，扎实做好易地搬迁"后半篇"文章。后续可进一步发掘移民搬迁社区的长效发展、搬迁社区的权力生成以及重塑社区公共性等研究议题，在开展易地搬迁安置社区"硬件"设施治理研究的同时，还需兼顾社区"软件"层面的发展与完善。

20 "兰花芬芳"温暖居民内心

宁夏回族自治区吴忠市利通区金花园社区

社区是一个微缩的社会,是国家治理体系与治理能力现代化的重要组成部分,将社区工作做好有助于夯实社会发展根基,其中做好社区中的民族团结工作、志愿服务工作十分重要。只有通过筑牢基层治理根基,完善社区服务,创新社区活动,营造民族一家亲的浓厚氛围,才能将民族团结搞得更好,才能践行习近平总书记"铸牢中华民族共同体意识"的重要精神。2020年6月8日,习近平总书记赴宁夏考察,对当地脱贫攻坚、发展特色农业产业、生态保护以及民族团结等情况进行了充分了解,傍晚时分,习近平总书记在吴忠市利通区金花园社区考察,并与居民亲切交流。

习近平总书记高度肯定和赞许金花园社区的民族团结工作和志愿服务工作,指出:"中华民族是多元一体的伟大民族。全面建成小康社会,一个少数民族也不能少。各民族团结携手,共同迈进全面小康,体现了中华民族优良传统,体现了中国特色社会主义的显著优势。"习近平总书记为金花园社区的志愿服务点赞,对广泛开展并取得良好成效的志愿服务队给予了积极的肯定,指出"你们的经验很好,真正体现了行胜于言。社会主义是干出来的,各族群众要一起努力,志愿者要充分发挥作用,谢谢你们的努力和贡献"。金花园社区之所以能够成为习近平总书记关注和点赞的地方,是因为其生动地践行了"社会主义是干出来的,幸福是奋斗出来的",真正将"想百姓之所想,急百姓之所急"落到了实处。金花园社区居民的幸福感、获得感以及满足感就是佐证其志愿服务工作最好的例子。

金花园社区是基层志愿服务工作的典型范例。这个曾经被评为"全国民族团结进步模范集体"称号的优秀社区，彰显着汉、回、满、蒙、藏等各民族群众一家亲的美好盛况。金花园社区常住居民13850人，其中回、满、蒙、藏等少数民族占总人口的45%，各民族和睦共处，践行了各民族一家亲的民族政策，打造了民族团结的亮丽品牌，尤其是志愿服务工作是金花园社区的名片，也是其基层治理的亮点。2005年金花园社区成立了志愿服务队，经过了10余年发展，志愿服务队由最初的7名成员发展到当前的6万多名，更多人参与到志愿服务活动中，为社区治理提供了丰富的服务，特别是"七彩家园""七星服务""四治融合""社区邻居节"等一系列社区治理、服务的创新机制不仅增强了基层治理效果，也使得和谐家园遍地开满民族团结之花。

一 基本做法

近年来，金花园社区的志愿服务工作成为基层治理的亮点，通过广泛动员和组织党员干部参与"兰花芬芳"志愿服务，构建其"党建+志愿服务"模式，使得志愿服务延伸到社区每一个角落，有效满足了社区居民的需求、化解了社区居民的矛盾、改善了社区居民的生活品质，提升了社区居民的幸福感、获得感和满足感。金花园社区的"兰花芬芳"志愿服务中心也成为当地响当当的志愿服务品牌。

"兰花芬芳"志愿服务中心是以"七一勋章"获得者王兰花名字命名的，是当地志愿服务的品牌，推动当地形成了"有时间当志愿者、有困难找志愿者"的良好氛围。"兰花芬芳"志愿服务中心的发展历程也是金花园社区志愿服务工作的发展史。

（一）党员下沉网格，亮身份、亮本领、办实事

基层治理成效的评价标准是群众的口碑，是能否为百姓解决急难愁盼的问题。党员干部作为为民服务的铁军，是社区志愿服务工作重要的主体之一。随着党员干部"双报到"制度不断落实，党员干部常态化、长效化以及规范化下沉社区，参与社区志愿服务工作。在金花园社区成立"联合党委"后，将辖区内的10多家机关事业单位吸纳为成员单位，将400多名党员干部吸纳为志愿服务骨干力量，积极下沉参与到志愿服务工作中，党员结合自身特长和能力积极认领社区志愿服务项目，为社区做实事、做好事、真做事，使得每个"党建孤岛"串联成"党建联盟"，发挥集群效果。通过开展"石榴籽会客厅""凉亭议事会"等多种议事协商方式，向群众征集需求以及协商解决方案，主要解决路灯照明问题、屋顶漏雨问题、天然气管道破裂问题以及地下管网堵塞问题等民生问题，与此同时，协商解决投诉、化解居民矛盾、消除安全隐患也是党员干部下沉工作的重点内容。通过党员干部亮身份、亮本领、快响应，真正实现了居民需求党员解决、邻里纠纷短时间解决、志愿服务高水平完成，广大下沉党员形成治理合力，努力打造"进百家门、知百家情、解百家难、暖百家心、和百家亲"的服务品牌，使得服务群众由以往的"单打独斗"变成了现在的"群英荟萃"。下沉党员的一言一行彰显了中国共产党的初心使命，体现了党员干部为人民服务的宗旨，借助志愿服务这个载体，党员与群众之间的关系越来越密切，干群关系也越来越和谐，金花园社区的向心力和凝聚力得到了进一步提升。

（二）以服务创新带动内容创新，以机制创新激发服务热情

中国特色社会主义进入了新时代，人民群众需求的变化对社会治理提出了全新挑战，当前社区治理面临着治理内容和治理手段创新的难题，只

有通过服务创新带动内容创新，以机制创新激发志愿服务活力，才能满足新时代社区发展的需求。金花园社区以志愿服务为抓手打造和谐社区，以志愿服务内容创新与优化，丰富社区居民生活，提升社区居民的幸福感、获得感和满足感。

金花园社区创新探索的"七彩家园""七星服务""四治融合"以及"社区邻居节"等一系列社区治理、服务的创新机制让和谐填满社区的每一个角落。例如一年一度的"社区邻居节"已经在金花园社区连续举办了19年，也成为社区居民最喜爱的活动之一，通过"社区邻居节"，实现了小家与大家的融合，实现了个人与集体的融合，为共同建设社区凝聚强大合力。每年"社区邻居节"的主题都是社区居民需求的集中体现，也是社区志愿服务的重点动作，近几年金花园社区紧紧围绕"孝行天下""上善若水""礼让为国""人和家美"以及"以和为贵"等主题开展活动，有效满足了居民的需求，邻里之间的距离拉近了，邻里之间的感情变好了，互惠互利、互帮互助的和谐氛围也逐渐建立起来。

（三）以活动促团结，以服务暖人心

"兰花芬芳"志愿服务中心的口号是"志愿服务，行胜于言"，只有切实为社区居民办好事、办实事才能真正赢得群众的认可和拥护，金花园社区的志愿者用他们的行动践行了"靠近我、温暖你"的志愿服务精神。金花园社区作为一个多民族聚居的社区，无论谁家遇到了问题，大家都会伸出关爱之手，邻里守望具体表现在一次又一次的志愿服务活动中。王兰花带领着热心小组，身着红马甲，为社区残疾居民洗澡、剪指甲，为独居老人打扫卫生、照顾日常起居，为一切有需求的居民提供力所能及的志愿服务。在王兰花的带领下金花园社区组建了7支志愿者服务队伍，累计为社区居民排忧解难数以千计，调解成功率在98%以上，为营造温馨、和谐、有爱的社区作出了扎实贡献。

二 成效经验

多年来，金花园社区借助党员下沉社区，志愿者积极参与社区治理，志愿服务全覆盖社区，使得居民大事小情有依靠、急难愁盼有指望，让社区居民获得了满满的幸福感和满足感。2021年，金花园社区党委被评为"全国先进基层党组织"，凸显了金花园社区志愿服务工作的成绩。尤其是习近平总书记考察金花园社区时，对其志愿服务工作高度赞许。这种肯定是对于金花园社区志愿者的肯定，也是对于金花园社区持之以恒做大做强志愿服务工作的肯定。

一方面，在互帮互助中增进感情，共绘民族团结的幸福画卷。金花园社区通过开展丰富多彩的志愿服务活动，使得各民族群众聚在一起，通过"迎新春民族团结文艺汇演""欢乐庆元宵""社区邻居节""百家宴"等一系列活动，各民族居民从小家走出来，融入大家，在欢乐祥和的氛围中铸牢中华民族共同体意识，在你来我往中增进了彼此之间的感情，系牢了团结纽带，正如王兰英所讲："现在，不少城市的小区居民都有这样的感觉，不缺吃、不缺穿，就缺邻里好感情。但我们社区的老邻居们年纪相仿，10多年来，一直和睦相处，亲如一家人。"

另一方面，在为民造福中排忧解难，着力解决居民操心事烦心事揪心事。无论是兰花芬芳志愿服务中心，还是金花园其他的志愿服务队，都将解决社区居民的操心事烦心事揪心事作为毕生事业，在"接待群众热心、调查了解细心、教育疏导诚心、调解纠纷耐心、处理问题公心"的"五心"服务理念引领下，金花园的志愿服务取得了一个又一个成就，例如开设老年饭桌和儿童之家，照顾空巢老人以及留守儿童，疏通管道……一项又一项服务温暖了居民，使得社区居民感受到幸福温暖，也感染了居民，带动了更多人参与到社区志愿服务中。

三 案例启示

习近平总书记高度评价了金花园社区的志愿服务工作，肯定了金花园社区基层党建引领民族团结工作的成绩，肯定了金花园社区"党建+志愿服务"的创新探索。金花园探索形成的党建引领志愿服务对于基层治理创新具有积极意义，值得在全国范围内推广。

首先，发挥基层党组织核心作用，为志愿服务注入红色血脉。基层是社会发展的根基，基层党组织同样是中国共产党长期执政的根本，党的力量在基层，智慧在基层，未来也在基层。党的宗旨是全心全意为人民服务，这与志愿服务的目标不谋而合，因此，党组织参与到志愿服务工作，发挥政治引领作用，为志愿服务注入红色血脉，使得金花园社区的志愿服务工作有了方向、有了主心骨。通过把党组织的组织力、凝聚力和领导力转化为社区志愿服务的行动力，大大推进了社区志愿服务事业的发展。党建引领社区志愿服务工作，实质上就是借助区域化的党建平台，整合辖区内各类资源，凝聚多主体参与力量，让更多人参与到志愿服务中，让更多资源投入到志愿服务中，在志愿服务中实现共建共治共享，从而提升基层治理效能。

其次，发挥党员"领头雁"作用，争当志愿服务"排头兵"。基层党组织是战斗堡垒，党员就是一面旗帜，堡垒无言，却能凝聚强大力量，旗帜无声却能鼓舞磅礴斗志。可以说党员犹如星星之火，点燃了其他参与主体的参与热情，因此，发挥好党员在志愿服务中的先锋模范作用至关重要。通过深入推进"双报到"制度，党员能够有效下沉到社区中，通过亮身份、亮本领、办实事，擦亮了志愿服务的招牌，越来越多人向党员看齐，积极参与到志愿服务中，为志愿服务提供源源不断的生命力。通过设立党员志愿服务队，选拔党员服务志愿者，评选党员志愿服务标兵，充分展现了党员的先锋模范作用，带动居民全面参与，激发群众的内生动力。

最后，发挥志愿者积极参与作用，充实志愿服务队伍。基层治理强调多元主体广泛参与，其中志愿者就是重要参与主体。相比较党员干部肩负着为人民服务的初心使命，志愿者参与基层治理主要是出于热心、爱心和本心，他们主动参与到基层治理中，解决了基层治理人员不足的问题，极大地充实了基层治理主体队伍，并发挥着重要作用。这些身披红马甲的志愿者将服务下沉到楼道，走入千家万户，真正地做到了社区一家亲。化身为楼道"红管家"的志愿者们成为社区治理中最美的风景线，成为多民族和谐共处的黏合剂，更是彰显党建引领下志愿服务广泛参与的积极效果。

案例点评

《中共中央 国务院关于加强和完善城乡社区治理的意见》明确提出"发展社区志愿服务，倡导移风易俗，形成与邻为善、以邻为伴、守望相助的良好社区氛围"。志愿服务是社区治理的重要一环，是社区治理创新的重要内容，是满足社区居民需求、丰富社区治理内涵、增强社区自治能力的重要手段。党的十八大以来，我国社区志愿服务迎来了发展的高峰期，取得了实质性的进步，尤其在党建引领下社区志愿服务增强了志愿服务的力量，增强了志愿服务的效果，使得志愿服务的作用大大增强。

宁夏回族自治区吴忠市利通区金花园社区打造以"兰花芬芳"为代表的社区志愿服务品牌，提升社区居民的生活品质，加强了社区内多民族居民的和谐交流，实现了"和谐邻里一家亲"。金花园社区的志愿服务创新探索赢得了社区居民的认可，更赢得了习近平总书记的肯定。社区志愿服务蔚然成风，无论是老人还是小孩都积极参与到志愿服务之中，形成了人人参与、人人奉献的浓厚氛围，开辟了社区治理新局面。

21 党建引领六治融合　共建幸福家园

长春市宽城区长山花园社区

长春市长山花园社区地处城乡接合部，社区的前身是吉林省胜利零件厂职工宿舍家属区，企业家属楼房小区始建于1987年，随着企业的破产，3892名职工一夜之间失业，小区同时被弃管，当时的小区是脏、乱、差。随着城镇化进程的加快，作为城乡接合部的社区又成为流动人口寄居地。社区呈现下岗失业人员多、流动人口多、老年人口多、残疾困难群体多、孤老孤儿多、两劳释解人员多，有稳定收入的少、外部资源少的"六多两少"特点。作为下岗失业和农民工流动人口聚集地，社区成为社会治理的重点难点区域，党建薄弱地带。

针对这些突出问题，长山花园社区坚持以党建为引领，坚持"居民就是我亲人"的服务理念，探索实施"六治融合"工作法，引领辖区居民从"单位人"到"社会人"转变，连续多年实现零上访、零吸毒、零犯罪、零家暴、零辍学等"九零"目标。社区现在共有居民3100户、7000余人，其中党员166人，在党建引领居民自治社区共治的背景下，一个无人问津的"老、旧、散、弃"小区转变为远近闻名的"花园式典范小区"，昔日的"龙须沟"变成了今天的"幸福苑"。社区先后荣获全国和谐社区建设示范社区、全国文明单位、国家级基层党组织建设示范社区、国家级充分就业社区等100余项荣誉称号。

2020年7月23日习近平总书记来到长山花园社区视察，并考察了依托社区而建的吉林长春社区干部学院，对社区党建工作及社区治理方式方法给予高度肯定。习近平总书记强调，一个国家治理体系和治理能力的现代化水平很大程度上体现在基层。基础不牢，地动山摇。要不断夯实基层社会治理这个根基。提高社区治理效能，关键是加强党的领导。要推动党组织向基层延伸，把基层的工作做好。社区治理只能加强、不能削弱。这一深刻阐述，为新形势下的社区治理提供了重要遵循。

一 基本做法

长山花园社区党委坚持以习近平新时代中国特色社会主义思想指导基层治理实践，探索实施党建领治、居民自治、服务善治、平安法治、文化德治、社会共治"六治"融合模式，打造出共商、共建、共治、共享的社会治理新格局，走出了一条社区治理新路子。

（一）坚持党建领治，建强"主心骨"力量

1.健全组织网络。2003年初，社区党委开拓省市先河，开启党员回家之路，一次性接收企业退休回归社区党员194名，多年来找回口袋党员和隐身党员100多名，壮大了社区的党员队伍。社区党委从建立楼宇党组织入手，将辖区党员划分成10个楼栋网格党支部，构建起了"社区党委-楼宇党支部-楼栋党小组-党员家庭户"的四级组织架构，实现了"楼宇有组织，楼栋有支部，处处有党员"的局面。并在所有党员的家门口都张贴党员标志牌，实行党员明标识、亮身份、定责任，"党员在行动"成为社区一道亮丽的风景线。

2.强化理论武装。社区党委从2003年开始，将每月15日定为"党员学习日"，雷打不动，对那些白天不在家、休息日不固定的党员，通过党建微

信群和QQ群等方式,定期推送"微信息",并常年为党员免费订阅《长春日报》,保证了党员随时学、经常学。为丰富学习内容,定期邀请老党员、非公党员、大党委兼职委员走上讲台,分享不忘初心的入党故事,传授党的发展历程和正能量。

3.发挥党员先锋作用。组建法律援助、家教服务、家电维修等14支特色志愿服务队,志愿服务以党员为主体,退休的老党员们也在这里找到了彰显一技之长、发挥余热的用武之地。组建治安巡逻员、环境美洁员等"网格八大员"队伍,带动驻区单位、社会团体以及党员群众共同参与社区建设,将党建触角延伸到小区。在每个楼宇党支部组建"红袖标志愿者巡逻队",党支部书记率先带头,每天早6点至晚6点,对社区进行巡逻,为居民营造平安的居住环境。目前社区注册的志愿者共有800多人,帮助群众解决日常生活难题1000余件。

(二)坚持居民自治,激活"主人翁"意识

1.实施居民自管物业。物业公司违约,小区供暖差,物业管理质量直线下降成了困扰居民生活、产生矛盾的最大问题。为此,社区探索建立了自治管理模式,即以社区党委为核心,居民代表、社区工作者组成的"居民自治管理委员会"为辅助的管理架构,由居民自管会负责小区物业的日常管理和财务管理,并于2010年正式申报成立了社会组织"居民事务志愿服务站",让居民自己的事情自己说了算,社区在自我管理与自我服务中实现了自我教育和自我监督。

2.遵循民主议事协商制。按照"有事好商量、急事快商量、难事多商量、大事必商量"原则,激发广大居民参与意识,共同商讨议题,在党建引领居民自治的过程中,逐步探索出"党委提议、两委商议、代表审议、公示决议"四步议事工作法,实现大家的事大家议、大家定、大家办,引导居民自觉自愿参与治理。其中,"有事好商量"的经验做法写进了党的

十九大报告。2016年，社区党委多方努力申请到市公用局200余万元地下管网改造资金，通过"四步议事工作法"确定由"红马甲"党员志愿服务队全程参与工程监督，有效保证了建设质量，被居民称为"管用50年的工程"。

（三）坚持服务善治，解决急难愁盼问题

1.全天候回应群众诉求。社区推出了"一门式、一张网""365零休""AB岗""错时制""随到随办制"等一揽子举措，使群众诉求时时刻刻有回应。

2.在"养老、育小、助学"等诸多方面整合资源，为居民解决急难愁盼问题。引进"12349养老便民服务"项目，成立专职养老服务队，为行动不便的老人提供理发、洗澡等"十送"服务。建立方便老年人存取款的金融服务站，并有专门的工作人员指导老人办理日常支取、定期存款、生活缴费、开户转账等业务。升级改造让老人吃得饱、食无忧的"乐龄食堂"，逐步实现制度化、规范化和标准化，每日提供两餐，每餐7元，有荤有素，新鲜卫生。联系爱心企业及知名人士为特困学生捐资，搭建"三点半课堂""蒲公英少年之家"等10多个青少年服务平台，形成救助、教育、就业等7大保护体系，帮助社区400名青少年健康成长。为解决创业就业问题，启动"诚信贷款"，灵活运用小区物业资金，先后帮扶1000多人重新走上工作岗位、100多人当上了小老板。通过一件件实事，居民对社区的归属感、认同感持续增强。

（四）坚持平安法治，创建和谐家园

1.整合链接相关司法资源。开展法官、检察官、警官和律师等"三官一律"进社区活动，协调相关部门在社区设立"巡回法庭""妇女维权直通车"等，增进居民知法、懂法、守法、用法的法律意识，提升居民依法解

决问题的能力。

2.形成多元化解合力。积极推行"民事调解十二法",推动司法调解、行政调解、人民调解等多元调解相结合,多年来调解民事纠纷500多例,防止民转刑案件20多起,解决群体性上访事件10余起,纠纷调解率达100%,调解成功率99%,社区实现零上访、零犯罪、零家暴、零吸毒、零辍学等"九零"目标。

3.预防走在化解前。建立"万家数据库""遗嘱库"等基础台账,一查三代,一目了然,避免日后剪不断理还乱的矛盾纠纷,增强运用法治方式解决问题的能力。

(五)坚持文化德治,凝聚人人向善力量

1.开展善行义举榜和各类先进典型的评树活动。着眼家风培育,开展"长山好人""好儿媳"等评选,通过"楼栋故事汇"等,讲好社区故事传承传统美德礼仪,用身边事教育身边人。

2.引导居民遵守"公约共纪"。着眼增强党建文化软实力、组织力,在社区实施"公约共纪"引导居民遵约守约践约,实施"堂所教育"常态化,组织居民群众学习党建理论。

3.培育志愿服务的奉献精神,促进社区共建共治共享。率先开展"红马甲"志愿服务,本着"人人都是志愿者,人人都是受益者"的工作理念,通过"红马甲道德银行"将居民参与志愿服务的次数、时长和为社区建设所作出的贡献等折合成积分,用于兑换生活用品、报刊或公益服务,形成了"奉献回报奉献"的健康良性风气,促进居民人人向上、人人向善、共建共享。

(六)坚持社会共治,促进资源共享

社区党委始终把人民对美好生活的向往作为奋斗目标,注重统筹辖区

资源，形成基层治理"一盘棋"。强化组织联结，基层治理有魂。在全市率先建立"大党委"，组织长春师范大学、胜利医院等10多个域内外单位成立"党建工作联盟"，通过定期召开党建联席会议，先后协调驻区单位为3100户居民楼保暖整修、58户居民解决防水问题，破解公益事业共管共治不足难题，实现资源共享、共建共治、互惠双赢。北京联慈健康扶贫基金会协调长春市新华石油化工有限责任公司，一次性为社区18名贫困学生资助3.9万元助学款，得到了群众和社会的高度赞誉。

二 成效经验

（一）社区共治效能大幅提升

社区党委坚持问题导向，将社会资源整合起来，共抓基层党建、共商区域发展、共同服务群众，精准投放服务资源，精确推动治理落地，推动形成共建共治共享城市基层治理新格局，实现城市治理由"独角戏"变为"大合唱"，治理效能最大化。

（二）党在基层治理的根基进一步夯实

社区党委构建"四级"党组织架构，使党组织遍布"神经末梢"。社区党员队伍不断壮大，提升了基层党支部组织力和凝聚力。党组织连接多方组织，党员带领群众改造社区、治理社区、服务社区，不断巩固党在城市的执政基础，让群众时时刻刻感受到党组织温暖，使党的关怀延伸到社区的各个角落。

（三）居民自治能力提升，幸福感满意度大大增强

社区通过"党委提议、两委商议、代表审议、公示决议"四步议事工

作法，实现大家的事大家议、大家定、大家办，不断唤醒社区居民的主人翁意识，引导居民自觉自愿参与治理。社区治理实现"为民做主"到"由民做主"的转变，既提升了治理效能，也增强了居民对社区的归属感和认同感。

三 案例启示

（一）提升社区治理效能，必须强化党组织的引领

基层党组织是居民自治的主心骨，党组织引领作用强，自治共治效果就好，党的执政基础就稳固。要发挥好党建引领作用，就要健全党建组织体系和队伍，如构建"社区党委-楼宇党支部-楼栋党小组-党员家庭户"的四级组织架构，实现"楼宇有组织，楼栋有支部，处处有党员"的局面；就要充分发挥党员的先锋模范作用，使党员成为社情民意的"顺风耳"、防范风险的"及时雨"、社区治理的"多面手"，以党员带头带动群众人人参与社区治理；就要强化理论武装，使党的声音传达到最基层，落实到最基层。

（二）提升居民社区参与，要以满足民生需求提升居民认同感为前提

居民有话能说、有事能办、有难能解、有错能纠，使居民深刻感受到社区治理的有效性，才能提升居民认同感，使其在力所能及的范围愿意参与社区治理。长山花园社区坚持以党建工作为统领，把社区治理与服务群众有机结合起来，把社区自治共治与群众的民生需求紧密结合起来，大幅提升了群众对社区的归属感、认同感和幸福感。长山花园社区的发展变化表明，自治共治必须坚持民生指向，必须聚焦群众民生需求，始终把服务民生贯穿工作始终，才能把党员群众聚拢到党组织周围，有效提升组织力。

（三）打造社区治理共同体，要遵循共建共治共享原则

常态治理中社区事务繁杂精细，仅靠社区工作者的力量无疑是不堪承受之重。因此社区治理要积极探索多元共治，要由"单边行动"向"多边互动"转变，打造社区治理共同体。既要注重社区内生式志愿队伍的培养和储备，又要与外部资源联建互动，为社区治理建构可利用的资源库。培育志愿者队伍要激发其价值感、成就感，使其参与收益大于成本，这是志愿者培育及其可持续运作的重要前提，当然这种收益更多是精神性和社会性的。还可以通过积分兑换、公益时数排行榜、时长累计等激励机制，促进志愿服务的自我生产与循环。实践证明，社区志愿者组织化程度越高，社区稳定性越明显，社区韧性越强。长山花园社区强大的志愿者服务队伍及其良性循环机制，为社区共治提供了强大的基础。此外还要最大限度借助外部资源优势为社区解决疑难杂症，社会组织、企事业单位等是社区治理的必要装置，其专业化的资源整合能力和救助能力是宝贵资源，与其建立有效链接，为社区治理锦上添花。

案例点评

党建领治、居民自治、服务善治、平安法治、文化德治、社会共治"六治"融合模式，打造共商、共建、共治、共享的社会治理新格局，归根到底是党建领治发挥关键性基础性作用。没有了党建领治，其他"五治"就成了无源之水，无本之木。长山花园社区成功实践主要原因就是强化了社区党委的领导，发挥党组织政治引领、组织引领、能力引领和机制引领的功能，引导居民、共建单位参加社区议事协商，激发了参与社区建设、参与社区治理的活力。

居民"无处、无能、无意愿"参与，一直是社区治理的难题。居

民是社区共建共治共享的主体力量,培育其参与社区治理的意愿和行动首先要赢得居民主观认同。认同的前提是社区真正为居民解决急难愁盼问题,通过利益上的获得感与居民建立真正的连接,使居民在内心深处信任社区,对社区有归属感,从而激发其参与社区治理的意愿和行动。因此社区自治共治必须坚持民生指向,必须聚焦群众民生需求,始终把服务民生贯穿工作始终,才能把党员群众聚拢到党组织周围,不断提升社区治理效能。

以"三民"举措提升居民"三感"

贵州省贵阳市观山湖区金阳街道金元社区

贵州省贵阳市观山湖区金阳街道金元社区成立于2013年，位于观山湖区城市中心腹地，占地0.95平方千米。截至2021年7月，辖区共有居民3525户10969人，企事业单位、商业网点211家。金元社区地理位置优越、交通网络发达、生活配套成熟、社区规划合理。但成立之初，社区党建存在党员队伍老龄化、组织观念弱化、基层党建形式化等问题，在社区治理中面临着流动人口多、矛盾纠纷多等困难和挑战。由于管理和服务水平跟不上，导致社区居民缺乏对社区的认同感和归属感，参与公共事务的积极性也不高。

近年来，金元社区不断完善软硬件设施，为社区居民"量身定制服务"，倾力打造居住环境优美、道德风尚良好、人际关系和谐的幸福社区。2020年，贵阳市积极探索创建让人民群众有更多获得感、幸福感、安全感的"三感社区"，金元社区作为首批试点社区，坚持以党建为引领，以为人民服务为宗旨，以居民所需所想所盼为着力点，融入现代化手段与理念，积极探索党建网、平安网、民生网"三网融合"的社区治理新路径，凝聚民心、汇集民智、服务民生。

2021年2月4日，习近平总书记来到金元社区，了解开展便民服务、加强基层党建等情况，提出基层强则国家强，基层安则天下安，必须抓好基层治理现代化这项基础性工作。习近平总书记强调，要坚持为民服务宗旨，把城乡社区组织和便民服务中心建设好，强化社区为民、便民、安民功能，做到居民有需求、社区有服务，让社区成为居民最放心、最安心的港湾。这一深刻阐述为金元社区的治理和社区服务工作指明了方向。

一 基本做法

（一）强化为民宗旨，筑牢"党建网"提升三感

1.筑牢组织体系，夯实为民基础。着力构建纵向到底、横向到边的网格党组织工作体系。在纵向上，社区按照区域相近、规模适当、便于管理的原则，合理划分成14个网格党小组，组建8支志愿者队伍，形成以社区党总支为核心、党支部为纽带、网格党小组为支撑、社区工作者为骨干、党员志愿服务队为补充的组织架构，推动组织覆盖从有形覆盖到有效覆盖，及时了解居民诉求、排查隐患、解决难题。金元社区党总支以"党群和融、治理和美、邻里和睦、爱心和暖、治安和顺"为主题，打造"金元社区居委会党群服务站"，设置了便民服务大厅、人民调解室、党员之家等功能室，让党群服务站成为感知群众安危冷暖，解决群众急难愁盼问题的战斗堡垒。

2.成立共治委员会，聚合为民力量。采取条块联动搭平台、资源联动聚优势、组织联动增活力的"三联动"强化统筹协调功能，将辖区内的党组织资源整合起来。联合辖区包括开发商、物业以及其他企业在内的15家单位成立了"共治委员会"，签订《共治协议书》，每季度召开联席会议，实现理论共学、组织共建、社区共治。"共治委员会"成立以来，已组织开展了各类为民服务活动30余次，协调解决辖区治理问题12个。有了社区党建联席会，物业楼管员配合楼栋长，主动上门帮助1000余户居民解决难题800余个。

3.加强党员队伍建设，发挥为民服务带头作用。金元社区党总支树立"把业务能手、管理骨干培养成党员，把党员培养成业务能手、管理骨干"的工作思路，探索通过群众自荐、党员联名推荐、群团组织推荐，召开党员大会集体讨论的"三推一选"工作法，将思想素质高、业务水平高、综合素质高、工作实绩高、群众评价高的"五高"优秀分子作为培养对象。金元社区党总支还建立党员个人"积分制管理"制度，设立"党员示范岗""党员先锋岗"，积极鼓励党员做表率、当先锋、走前列。通过组织开展"每月小排位，年终大评比"等活动，充分调动社区党员学习、工作热情与争做新时代"活雷锋"的积极性。党员密切联系群众，社区党总支以"邻里守望1+N"为主题，通过1名党员带动N名群众的方式，真正把党员的先锋模范和示范带动作用发挥出来，带领居民共同参与社区建设。

（二）强化便民举措，优化"民生网"提升三感

1."三随三速"模式，使便民服务更快捷。社情民意随时、随地、随发，社区党总支、居委会速收、速办、速反馈，形成"三随三速"高效工作模式。把服务"搬"到了居民手机，社会治理实现快"码"加鞭。居民扫描二维码就能迅速把信息汇集到社区，及时上报问题。线上开通"微心愿"平台，居民通过手机扫码进入微信平台，即可填写"微心愿"，反映意见和建议，社区派专人在每天10点和15点登录平台后台进行"心愿"收集，并在4个小时内派单处理。对于社区能办理的事项，及时办理并在一周内回复；对于社区不能办理的，及时上报街道及相关职能部门处置，每7天反馈一次处理进度，直至办结，真正做到了"民生大小事、件件有着落、事事有回音"。

2.公共服务零距离，使便民服务更可及。从打通"最后一公里"到打通"最后一米"，在6个网格分别设1名网格长、5名网格员（网格社工、网格协调员、网格执法员、网格协管员、网格共建员），为居民提供全天

候服务。成立"居民议事会"、召开"一家亲促膝会",通过面对面的沟通交流,广泛收集居民群众意见建议。打造"15分钟便民服务圈",统筹建立社区党群服务站,提供党务、政务、物业服务等3大类35项服务内容。针对辖区老年人、残疾人、"上班族"等办事不方便的问题,社区开通了"全程代理""网上预约"等便捷化服务,实现居民足不出户就能办成事、办好事。全力打造文化活动中心、老年学校、公益四点半课堂、解铃工作室等文化娱乐场所,提供个性化心理关怀。设置"爱心共享角",大到冰箱、微波炉等电器设备,小到针线包、雨伞等日常用品,便民服务设施一应俱全,努力实现想民之所想、急民之所急、办民之所需、干民之所盼。

3."党建+志愿者",使便民服务更丰富。采取"党建+志愿者"的服务方式,组织化地满足居民各级各类不同层次的需求。成立了"红满园"宣讲队、"小棉袄"志愿服务队、"凤舞金元"舞蹈队、"西江月"民乐队、"翰墨书香"老年书画队、"天行健"太极拳队、"手拉手"法律咨询队、红袖标巡逻队等8支志愿者队伍,共有300余名志愿者。采取上门服务、定点服务、集中服务等方式,与空巢老人结成"一对一"帮扶对子,把群众需求与服务点对点结合,为居民群众提供真真正正的帮助,让居民群众感受到了实实在在的温暖。

(三)强化安民工程,织密"平安网"提升三感

1.科技为安民赋能,大数据融入平安治理。金元社区积极与移动公司合作建立了"大数据+服务治理"新模式,全面打造"数治小区"。发挥网格化数据案件处置QQ群和贵阳"筑城微治"等信息联动平台作用,安装高空抛物监测、高空全景监控、电梯监控、人脸识别摄像头等,对社区重点领域、重点人员等实时监控,构建以地图、网格为基础的"人-房-物"关联系统,形成了公安、综治、街道、物业多方联合的一体化社区防控体系,

构建了社区平安建设的"大脑",有效提升了管理能力,进一步提高了居民的居住安全指数。

2. 法治为安民赋能,法律服务融入平安治理。辖区20个律师事务所、46名律师志愿者组成的公益律师服务团,点对点免费为辖区居民提供服务。通过建立一个"法律诊所"、打造一个法治广场、开设一堂法治义务课的方式,定期组织开展法治讲座、法说新闻、法治故事会等活动,用群众喜闻乐见的形式,有针对性地开展法治宣传教育工作。律师通过专业的法律服务,能够现场调解一些大的纠纷,把事情解决在辖区内,实现了"小事不出网格、大事不出社区"。社区同时发挥综治委员、人民调解员、驻区民警、社区法律顾问等资源力量,积极开展法律咨询服务和法治宣传教育,筑牢社区治理根基。

3. 自治为安民赋能,多元力量融入平安治理。金元社区坚持"自己的事情自己议,自己的事情自己办"原则,制定完善社区自治章程和社区居民公约。广泛吸纳社区网格员、"两代表一委员"、退伍老兵、商户等力量,构建多方参与、齐抓共管的群防群治模式。组建义务巡逻队,共同开展"星级平安居住小区""零发案小区""安全楼院"等创建活动,共同开展"邻里守望"等活动,共同打造平安、和谐、温馨的社区家园。

二 成效经验

(一)社区居民"民生三感"极大增强

通过强化为民、便民、安民功能,筑牢"党建、民生、平安"三个网络,社区居民获得感、幸福感、安全感"民生三感"有效增强,居民信任感满满,社区内各主体共建共治共享。金元社区获评贵阳市"获得感、幸福感、安全感社区""五星级平安居住小区"等荣誉称号。

（二）社区各主体积极性大大调动

党组织、党员、居民和联建单位充分发挥资源优势和个人所长，由被动参与变主动参与，相互之间"比学赶超"，参与社区治理的热情被大大激发。社区与驻区企事业单位、非公企业以及社会组织、个体工商户共同组建"一家亲共治委员会"，各方面的基层社会治理力量各司其职，又融为一体，从而构建起在党建引领下的"三感社区"共建共治共享新格局，许多痛点、难点问题得到解决。例如金元社区的国际新城小区设施老旧，存在路面破损、路灯和楼道照明不灵敏等问题，沟通协调后，物业及时将100多盏损坏的路灯进行更换，对小区外围1.9万平方米道路及绿化进行了改造。

（三）社区居民所呼所盼皆有所应

通过"数治小区"平台和"微心愿"平台，社情民意随时、随地、随发，社区党总支、居委会速收、速办、速反馈，"三随三速"的高效工作模式把服务"搬"到了居民手机，大大提高了民生利益诉求的处置效率和精准性。路面破损、乱停乱放、绿化破坏、环境卫生差等大大小小问题均被一一处理和回复。公共服务的便捷和丰富，社区服务能力和服务意识的提升，使居民的民生所盼、民生所急得到有效满足。法律服务的融入使社会矛盾不出社区及时化解，近三年来小区刑事案发率为零，居民氛围和谐，安全温暖的社区防线被构筑。

三 案例启示

（一）"为民、便民、安民"的三民举措核心是"民"

"为民、便民、安民"的三民举措正是贯彻落实了中国共产党"坚持以人民为中心"的思想，也正因为如此让社区成为居民最放心、最安心的港湾。习近平总书记强调，要坚持为民服务宗旨，强化社区为民、便民、安民功能，做到居民有需求、社区有服务。新时代社区居民对公共服务提出了更高要求，金元社区打造党群服务新型阵地，瞄准百姓民生诉求，提升为民服务硬实力，聚合多种资源多方力量为民解忧，坚定不移提升民生福祉，扎扎实实做了很多惠民实事，居民才会有获得感、幸福感、安全感的提升。

（二）党建引领多元共治是强化"三民"功能的重要保障

推进基层治理最根本的一条是加强党的全面领导。在党建引领下，重塑社区治理机制、方式和路径，坚持"党建引领、合作共治"才能使民之所呼皆有所应。金元社区通过横向到边、纵向到底的组织体系全覆盖，通过基层党员干部队伍的带动作用，有效解决了居民参与热情不浓、组织化程度不高、动力不足等难题，有效激发基层治理活力。通过党委联席共建，成立"共治委员会"，使小社区撬动大资源。党建引领多元共治，共建共治共享的社区治理格局才能逐渐形成。

（三）科技赋能是有效提升"三民"效能的重要手段

线上与线下有效融合，大大提升社区治理能力和水平。金元社区依托数治平台，通过居民随手拍功能，将问题信息上传，社区及时尽早捕捉问题，快速反应、快速处理、即时反馈，极大提高了社区服务和工作效率，提升了群众满意度。对社区重点领域、重点人员等实时监控，大大促进了公安、综治、街道、物业多主体联防联控、群防群治。治理智能化实现了信息收集全面、共享快速，工作互动无缝对接。加速互联网、物联网、AI（人工智能）等技术与社区治理深度融合，是推进基层治理现代化的必然趋势。

案例点评

习近平总书记指出，增进民生福祉是发展的最终目的。金元社区强化为民、便民、安民功能，提升居民获得感、幸福感、安全感，体现了社区为民服务的本质，抓住了社区工作的实质。聚焦民生所盼，筑牢"党建网""民生网""平安网"三张网，不断满足人民对美好生活向往的需求。

"三民社区"建设要有点、有线、有面，是系统化、精细化的基层治理过程，需要健全治理体系、优化治理手段、创新治理机制、延伸治理触角等多方面综合施策、久久为功。要通过健全党组织体系，提升党建引领作用；要通过党员再组织、管理再赋能、群众再发动，提升居民自治水平；要通过统筹协调，做强黏性链接，把资源集聚团结在社区周围补充居民治理和服务力量；要通过科技赋能、智慧联动，提升社区治理的快捷化、精准化；要通过公共服务零距离，提升居民认同感。

强化三民功能，提升居民三感，为基层社会治理工作指明了努力方向。"民生三感"不是静态目标，会随着经济社会的发展进步而不断提升。这也就使得社区工作没有终点，只有连续不断的起点。

23 "石榴籽家园"谱写民族融合新篇章

青海省西宁市城西区文汇路街道文亭巷社区

社区始终是习近平总书记内心的牵挂,在地方调研考察时,总书记都会去社区看一看。正如习近平总书记所讲:"我到地方考察,总要到农村、城市社区,看看人民群众生活得怎么样。"[①]虽然社区中都是琐碎的小事,但对于老百姓而言却是大事,从老旧小区改造、养老托幼,再到路灯照明、路面铺设等,桩桩件件都与百姓生活密切相关,只有将社区搞好,才能有效提升社区居民的幸福指数。如何才能将社区建好,习近平总书记在文亭巷社区考察时给出了明确的答案,即加强基层工作,强化社区党组织建设,以党的领导引领基层治理创新,促进民族团结进步,将社区打造成各族人民手拉手、心连心的和谐家园。

基层党组织作为社区治理的根基,是党在城乡基层全部工作的力量来源,是贯彻落实党中央决策部署的"最后一公里"。当前,部分地区之所以基层治理效果不理想,根本原因在于基层党组织在基层治理中存在虚化、弱化、悬浮化等问题。在新发展阶段,加强和改进基层党组织建设工作,对于强化党在基层的治理基础,推进国家治理体系与治理能力现代化具有现实意义。2021年6月7日,习近平总书记在西宁考察时前往文亭巷社区,重点调研了基层党建、便民服务以及民族团结等情况,并强调"一个社区要搞好,一定要有非常强的党组织领导

---

① 《高天厚土铺展大美画卷——习近平总书记青海考察纪实》,《人民日报》2021年6月10日。

的基层组织，把社区各方面服务搞周到，把群众自治性的事情组织好"。

作为2015年成立的年轻社区，文亭巷社区居民2.2万余人，其中少数民族居民1000余人，社区工作人员16名。社区党委下辖6个党支部、2个两新组织党组织，共计党员952名。近年来，文亭巷社区牢记习近平总书记嘱托，不断夯实党建基础，优化民生服务，以"和睦"为社区治理出发点和落脚点，以"五融五筑·和睦家"品牌建设为社区治理主线，以"石榴籽家园"创建为社区治理目标，持续推进和睦融合走进楼栋、走进单元、走进家庭中，让拥有数十个民族、两万多人的大社区和谐有序、赢得了社区居民的交口称赞，成功塑造了"平等、团结、互助、和谐"民族关系，打造新时代民族团结新典范。文亭巷社区居委会和党委先后获得"全国先进基层群众性自治组织""全省先进基层党组织"等荣誉，彰显了以党建引领促进民族团结的工作思路的正确性和先进性。

一 基本做法

"和睦文亭"是文亭巷社区治理的目标，也是社区居民期盼的理想愿景，作为多民族融合的大型社区，社区居民多元化、多样化以及差异化的需求考验着基层党组织的治理和服务水平，文亭巷社区以党建为统领，以"石榴籽家园"为目标，推动"石榴籽家园"向全方位延伸、全领域覆盖，以绣花功夫聚焦社区居民实际需求，切实提升社区治理效果，打造和谐社区。

（一）依托党建联盟平台，构建大党建工作格局

文亭巷社区依托"五级联动"党建联盟平台，将省、市、区、街道以

及社区五级党委组织紧密联系在一起，整合社区主体，形成治理合力，构建起"事务共商、服务共做、党员共育"的联动格局。在"大党建"工作格局思想指导下，文亭巷社区主动与辖区内的不同隶属关系的党组织建立联系，打破了条块管理的传统格局，以社区党组织为将组织优势转变为治理优势，不但能够更有效地解决群众急难愁盼问题，更能够强化党在基层的执政之基。例如，驻区单位国网青海电力培训中心选派3名技术骨干帮助社区解决楼道昏暗、照明设施破损问题；驻区单位兴业银行西宁分行的工作人员去社区服务中心，为社区居民开展反诈宣传；驻区单位西宁市人民检察院慰问社区困难群众……社区党委依托多元化的组织建设，强化了社区党组织治理能力，打造了强大的"石榴籽"党支部，成为社区治理的"火车头"，推动社区治理能力与水平不断提升。

（二）创新治理手段，解决群众急难愁盼问题

社区党委是落实党的政策、贯彻党的精神、执行党的决策部署的责任主体，通过不断创新治理手段才能更好地满足社区居民的需求，更有效地解决群众急难愁盼问题。文亭巷社区党委通过"四微工作法"打通服务群众"最后一公里"，真正做到听民声、化民怨和解民忧。"微服务"通过建立民情走访日掌握社区居民实际动态，针对不同群体的不同需求，提供个性化的微服务；"微平台"借助社区"两微一端"平台将党的最新政策、最新惠民信息以及办事流程及时向群众宣传，通过"线上+线下"相结合的方式满足了不同群体的需求，尤其是针对藏族群众语言不通问题，通过双语工作人员翻译、交流，将党的政策讲清楚、讲透彻；"微心愿"借助困难群众心愿卡，使在职党员在社区服务中有了"用武之地"，例如在主题教育期间，社区党委联合驻区单位和在职党员为群众办实事23件，慰问困难家庭65户，认领微心愿43项，切实让社区群众感受到实实在在的温暖；"微典型"以"文亭故事"征集活动和"身边的好人"评选活动为主要载体，

通过宣扬典型事迹、宣传典型人物、总结典型经验，在社区中营造良好的道德风尚，树立正能量的社区精神，满足社区居民的文化需求。

除此之外，"送温暖给空巢老人""夏送清凉环卫工"等志愿服务展现了社区的责任感，增强了社区居民的凝聚力，塑造了互敬互爱的价值观。通过多种治理创新手段，温暖了民心、凝聚了民意，使得各族群众像石榴籽一样紧紧抱在一起。

（三）丰富社区服务，持续增进民生福祉

提升社区居民生活品质的有效手段就是丰富公共服务和公共产品的供给，使得社区居民享受到更多、更好的高品质服务，共享社区治理成果。文亭巷社区作为多民族聚居的大型社区，多元化的民生需求考验着基层党组织为民服务的能力，本着"以人为本，服务社区"的服务理念，以居民需求为工作导向，社区党委不断提升服务水平，丰富服务内容。例如四点半课堂、帮助双职工家庭解决放学后孩子看管问题；爱老幸福食堂，解决老年群体就餐问题；文亭文艺大舞台，繁荣社区内各民族群体的文化生活，促进民族交流；等等。其中，养老服务是文亭巷社区的特色服务品牌。社区内老年人比例超过了13%，随着老年群体人数的增加，个性化、差异化的服务需求不断增多，传统的"物质+服务"已经无法满足当前需求，因此，文亭巷社区打造"文亭精神养老家园"服务品牌，通过开展特色服务项目满足60~69岁年龄段老年群体的需求，提升他们的晚年生活品质。例如广受好评的爱老食堂，为老年人定制营养均衡、价格惠民的餐食，每天为高龄老人、困难老人以及重度残疾不能自理的老年人提供送餐服务，使得老年人走路不超过5分钟就能够吃上热乎可口的饭菜。这些饭菜温暖了老年人的内心，也代表了党和政府为民服务的初心。除此之外，依托"民族事务服务中心"等平台，扩大了"石榴籽家园"的服务范围和服务内容，将社区打造成了群众最安心、最放心的港湾，正如《我是一颗石榴籽》歌

曲中所唱的"文亭文亭！你是我暖暖的家园，奔走在新时代的路上，各族儿女心连心，让幸福的日子甜蜜蜜……"

二 成效经验

基层和谐是社会和谐稳定的基础，作为国家治理体系与治理能力现代化的重要一环，只有筑牢基层之基，才能"任凭风浪起，稳坐钓鱼台"。文亭巷社区以党建引领强化基层党组织政治引领作用、服务群众作用以及战斗堡垒作用，以"石榴籽家园"为治理目标，以民族团结融合为治理愿景，整合服务资源，创新服务项目，打造服务品牌，持续解决好社区居民急难愁盼问题，促进多民族融合交流，使得社区成了安居乐业的和谐家园，主要治理成效体现在如下几个方面。

第一，民族团结，画出"同心圆"。文亭巷社区成立"石榴籽党支部"，将辖区内的各个民族汇聚起来，通过整合资源、征集民意，充分发挥社区居民的主体作用，将民族融合落到实处，形成了"互帮、互助、共进"的新型邻里关系，通过办好一件又一件社区居民急难愁盼事情从而提升了社区居民的幸福感、获得感和安全感。

第二，共建共治，打造"新体系"。文亭巷社区成立了"石榴籽"党支部后，为了进一步强化基层党建力量，巩固民族团结主阵地，打造了"社区党委+小区党支部+物业公司+小区业委会"的"四方联动"机制，便于了解居民需求，听取居民意见，提升社区治理水平。与此同时，搭建智慧化治理平台，实现"互联网+社区治理"，实现了线上与线下相结合，使得社区居民需求在哪里，党组织的服务就跟进到哪里。

第三，服务为民，提升"服务力"。文亭巷社区始终将打造最安心、最贴心的社区作为治理目标，着力解决各类民生难题，为社区居民提供最细致、最全面的人性化服务。为了更好地实现服务与需求的精准对接，文亭巷社区创立"需求库"和"资源库",以菜单式服务满足居民需求,将社区打造成为"党建引领有温度、共治有特色、服务群众有品质"的"三有"社区,助力打造高品质示范社区。

三 案例启示

"安居才能乐业,幸福的日子还在后头。"社区居民的称赞是对文亭巷社区党委的最大肯定。通过党建引领基层治理创新,文亭巷社区打造"石榴籽家园",使得各民族居民像石榴籽一样紧紧抱在一起,让邻里和睦、老有所养、幼有所育变为现实。文亭巷社区的经验探索值得推广与学习,具体体现在以下几个方面。

(一)坚持党建引领,确保基层治理发展方向

推进基层治理的必要前提是将党的领导贯彻到基层治理的每一个环节之中。基层党组织既要做好"火车头"的角色,又要在基层治理创新中当好"领路人",确保基层治理创新的正确方向。文亭巷社区探索的"石榴籽家园"以及"社区党委-楼院党小组-党员中心户-基层党建网格员"党建网格体系,既确保了基层党组织的政治引领力,又发挥了党建引领社区服务的作用,使得社区治理充满"红色能量"。

(二)推动群众自治,激发基层主体参与热情

随着我国经济社会发展进入新发展阶段,基层社会发展的矛盾与风险挑战日益突出,利益诉求多样化、矛盾挑战多元化,尤其是民族融合矛盾更是成为基层治理的一大挑战。推动群众自治,实现"自己的事情自己说了算"是基层治理发展的理想状态,因此,必须充分发挥社区居民的主体作用,保障他们的知情权和参与权。文亭巷社区通过完善党建引领基层自

治机制，确保社区居民的主人翁地位，特别是多民族融合间的矛盾与摩擦由他们自己解决，不仅强化了民族团结，更化解了社区矛盾，将矛盾化解在萌芽阶段，化解在群众之中。

（三）坚持民族团结，形成治理合力

作为多民族融合的社区，民族问题是社区治理必须重点关注的问题，也是重要的风险与挑战。文亭巷社区打造"石榴籽家园"实现了党建引领民族融合发展，通过举办多样化的文艺活动、创新内容丰富的服务形式，通过一件又一件小事增进民族互信，形成共同意志，凝聚民族合力，使社区居民像石榴籽一样紧紧抱在一起。

（四）坚持以人民为中心，打通服务群众"最后一公里"

为民服务是社区治理的出发点和落脚点，文亭巷社区始终坚持以社区居民为治理导向，坚持以人民为中心的治理理念，用心解决好社区居民的闹心事、烦心事和糟心事，尤其是对于一老一小的特别关注彰显治理温度，打通社区治理"最后一公里"。通过不断丰富的公共产品和不断提升的公共服务水平使得社区居民切实感受到幸福感、归属感和满足感，谱写"石榴籽家园"的幸福之歌。

案例点评

社区是城市管理的细胞，是社会的基本单位，民族工作是社区治理的重要组成部分，尤其对于少数民族地区而言，能够将社区治理做好直接关系社会稳定以及民族团结。习近平总书记曾强调："社区是各族群众共同的家，民族团结一家亲。要深入推进民族团结进步创建进社区，把社区打造成为各族群众守望相助的大家庭，积极创造各族

群众安居乐业的良好社区环境。"① 因此，做好党的建设、民生保障以及文化认同是社区治理工作的重要内容，解决了社区治理过程中政治保障、民生保障以及文化保障的问题。青海省西宁市城西区文汇路街道文亭巷社区认真贯彻习近平总书记关于基层治理的重要论述精神，以铸牢中华民族共同体意识为主线，以提升人民群众生活品质为目标，做实做细基层治理工作，重点突出民族团结、守望相助、和睦共处，将社区切实打造成各民族共同生活的幸福乐园。文亭巷社区的治理经验向我们证明了只有坚持党的领导，基层治理才有主心骨，只有社区居民的切身利益得到真正保障，民族团结才能落到实处。

① 《牢记初心使命贯彻以人民为中心发展思想 把祖国北部边疆风景线打造得更加美丽》，《人民日报》2019年7月15日。

24 为社区老人谋幸福美满晚年

河北省承德市高新区滨河社区居家养老服务中心

人口老龄化是社会发展的重要趋势，也是我国较长一段时期的基本国情。应对人口老龄化、实现人民老有所养、推动养老产业健康发展，这些都是习近平总书记关注的重要工作。完善养老服务体系，是应对人口老龄化的关键举措。党的十八大以来，习近平总书记作出一系列重要指示，规划部署国家老龄事业发展和养老体系建设。在习近平总书记的关心推动下，养老体系建设纳入我国"十三五"规划，"实施积极应对人口老龄化国家战略"列入我国"十四五"规划和2035年远景目标纲要，凸显党中央对这一问题的重视。在赴各地的考察中，习近平总书记一次次走进养老机构和养老服务站。2021年8月24日，习近平总书记走进承德市高新区滨河社区居家养老服务中心，围绕养老服务等进行实地调研。

滨河社区居家养老服务中心于2018年7月成立，2019年5月正式投入运营。通过政府购买服务、企业运营、社会参与的方式，为社区提供居家养老服务，探索解决老年人健康医疗、生活照料等问题。服务范围以滨河社区为中心向周边社区辐射。习近平总书记在调研中察看了社区的信息化平台、适老化改造等项目，详细询问服务范围、救助方式等事项，强调"完善社区居家养老服务网络，构建居家社区机构相协调、医养、康养相结合的养老服务体系"，为发展中国特色养老服务体系指明方向。

老人的晚年生活离不开"老有所养"的物质保障，更要有"老有所为"的精神追求。习近平总书记在调研中走进社区志愿者服务站，询问志愿服务有关情况，指出"要把老有所为同老有所养结合起来，研究完善政策措施，鼓励老年人继续发光发热，充分发挥年纪较轻的老年人作用，推动志愿者在社区治理中有更多作为"。通过各项志愿服务满足老年人多方面需求，为他们安享幸福美满的晚年生活保驾护航，这也是各级党委和政府的重要责任。

一 基本做法

（一）以老年人为中心，搭建智能化服务平台

滨河社区居家养老服务中心以老人的需求为出发点，搭建了居家养老智能化信息平台，为社区每位老人建立了电子档案。通过这一平台，居家老人只需一键呼叫，信息平台工作人员就会马上联系附近的志愿者进行上门服务。信息技术的运用，使得老年人的需求可以及时得到响应，有效地满足了他们的实际需求，确保老人在紧急情况下也能得到及时的照顾。

"我头晕，特别难受……"2021年8月26日11时26分，滨河社区海棠苑小区3号楼居民刘凤英通过手机"一键呼叫"功能，拨打了社区居家养老信息化平台热线电话。接到呼叫后，社区医务室护士池金雪和紧急救助大队队长张金秋直奔刘凤英家，为老人进行了简单的身体状况检查。点击平台内刘凤英老人的健康档案，联系方式、生活习惯、服务需求、病史及用药情况等信息一目了然。这些都是由社区工作人员和志愿者上门调查清楚的，并将60岁以上老人信息逐一录入智能软件系统。老人通过手机、平板电脑等移动终端"一键呼叫"，就可以享受各种上门志愿服务。

（二）创建"时间银行"，构建互帮互助养老模式

社区创建了"时间银行"的志愿服务方式，由社区内身体较好、年纪较轻的老年人组成志愿服务队，每天和工作人员一起上门服务。志愿者提供养老服务，公益时间存入"时间银行"，未来可以为自己或亲人兑换相同时长的养老服务。一句话总结，就是"今天为别人服务，明天免费享受服务"。这种互助机制，既满足了养老需求又极大地降低了养老成本。

2021年8月26日，由于家人临时出门，海棠苑小区85岁高龄的金聚海老人独自一人在家，吃饭成了难题。于是，老人给社区服务中心打了一个求助电话。养老服务中心工作人员接到电话后立马给志愿者派单，穿着红马甲的胡希英带着另一名青年志愿者出现在金聚海老人家中，为老人做了一顿面条。67岁的胡希英是社区志愿服务大队的一名志愿者，她表示："我们刚退休，身体健康精力充沛，可以身体力行地帮助有需要的老年人。"而且同是老年人，有着共同的话题，沟通起来也相对顺畅。做完志愿服务后，胡希英的"时间银行"里便"储蓄"了相应的工时。她信心满满地说："我相信，有一天，当我走不动了，一定会有更多的人来帮助我。"

"当志愿者就是想老有所为，能发挥一点余热。"老年志愿者们告诉习近平总书记。通过组织社区内身体较好的老年人成立志愿服务队，充分调动了社区内部力量。"服务今天，享受明天。"滨河社区采取"时间储蓄"的方式，详细记录志愿者服务活动情况，以小时为单位存入志愿者"时间银行"个人账户。当志愿者年长需要照顾时，就可以从个人账户中支取"时间"，免费享受相应的服务。通过老年志愿者的参与和"时间银行"的公益时间兑换，滨河社区构建了老人之间互帮互助的养老模式。

（三）多样化志愿服务，满足老年人多元需求

滨河社区居家养老服务中心的上门志愿服务包括助餐、助洁、助医等

多个方面，还包括调电视节目、帮忙拎东西上楼等各种琐碎事情，全面满足了老年人居家养老的各种日常需求，使他们能够在熟悉的家庭环境中获得全方位的照顾，极大地提高了老年人的生活质量和幸福感。除了各种上门志愿服务外，社区还为老年人举办各种文体活动，如包饺子、讲雷锋故事、书法作品展、节庆活动等，充分丰富老年人的晚年生活。

滨河社区老年志愿者服务队是一支以"年轻"老人去服务"年长"老人的"学雷锋志愿者服务队"，为辖区内孤寡、高龄、空巢、失能半失能的老人开展心理慰藉、家政服务、理疗服务、心理咨询、法律咨询等服务。志愿者在为老年人提供生活服务、心理慰藉的同时，还参与文明城市创建、绿色社区建设等为民服务活动，积极为社区建设和城市建设贡献力量。

（四）适老化改造，提高老年人生活舒适度

滨河社区积极开展各种适老化改造，以提高老年人生活舒适度，让老年生活更安全。在社区养老服务中心的适老化改造展示间，摆放着树脂L形扶手、如厕沐浴轮椅、壁装式沐浴器等各种助老设备。老人可以在展示间体验适老化设施，若有需要可以提出申请，社区会安排专门的工作人员上门，根据老人的身体状况、养老服务需求、居住环境等特点进行个性化改造，满足老年人多样化的改造需求。

地面太滑、起身不方便、开关够不到，这些看起来简单的生活小事，都会给老年人的日常生活带来安全隐患。滨河社区海棠苑居民安彤老人家的沐浴间就安装了一把"一字形扶手"。"平时做饭、收拾屋子，有保姆帮忙。就是每次洗澡，总让我提心吊胆。"老人说，墙壁是瓷砖，沾水湿滑，有次洗澡时手一滑，差点摔倒。社区工作人员上门征求意见，安彤老人积极报名。"社区找专业安装人员，不用我们操心，质量有保障。"适老化改造完成后，老人抬手就能抓住扶手，高度很合适，有效保障了老人的安全。

滨河社区居家养老服务中心通过搭建智能化信息平台、创建"时间银

行"志愿服务方式、开展多样化志愿服务、进行适老化改造等措施，为老人们创造温馨、安全的养老环境，让他们拥有一个幸福美满的晚年生活。

二 成效经验

随着滨河社区居家养老服务中心的各种养老服务措施的持续施行，社区居家养老服务网络更加完善，服务覆盖面更广、精准度更高，实现了老有所养和老有所为的结合。当前，中心的服务范围扩大到了9个居民小区，智能化信息平台的志愿服务拓展到了助洁、助浴、助餐、助急、助医、助娱、助行的"七助"居家上门服务。运营方式由"普惠"调整为"普惠+精准"的模式，建立"一人一档"，在平台上不断完善老年人信息资料库，按照普通、高龄、失能、独居四类群体需求，提供有针对性的服务。

滨河社区鼓励老年人积极参与社区活动，成立老年书画社、舞蹈队、合唱团等各类兴趣小组，组织开展丰富多彩的活动，让老人在社区享受幸福晚年。社区还整合资源，成立了社区老年食堂，采用政府补贴、第三方运营的模式，为居家老人提供优惠助餐服务。"时间银行"公益平台实现了全市通存通兑，拓展了时间银行的支付方式，调动了志愿者的主动性和积极性。志愿者人数不断增长，并根据志愿者个人特长分成慰问组、文艺组、家政服务组等多个小组，让老年志愿者更好地发挥余热。针对老年人日常起居不便的问题，滨河社区广泛实施"一户一策"的适老化改造，进一步升级了适老化改造项目。

滨河社区持续推进的各项养老服务措施不仅切实改善了辖区内老年人的生活质量，还形成了可复制推广的社区养老服务经验。从总体上来看，滨河社区的养老服务模式是政府购买第三方服务，并广泛发动社会力量参与的方式。第一，搭建智能化信息平台，连接老年人端与服务端，让养老服务资源按照老年人的需求在信息平台中自由流动，更加便捷、及时地对接老年人的多元需求。第二，建立"时间银行"式的社区养老互助机制，利用社区内部资源、发动社区力量提供可持续性的养老服务。年纪较轻的老年人通过为高龄老人提供养老服务来发挥余热，至少有两个积极作用。一方面可以实现晚年的个人价值，丰富晚年生活；另一方面又可以获得回报，兑换公益时间，换取个人未来的养老服务。作为互助养老的一种新模式，"时间银行"实现了老有所为同老有所养的结合，这种新形式对于动员各类人群组建志愿者服务组织为老人提供服务、推进养老服务体系建设都具有积极意义。第三，对老年人居住空间进行适老化改造，建设老年人友好型设施。适老化住宅是居家养老的重要基础，可以让老人生活得更加安全和舒适。当然，适老化改造不仅仅限于居住场所，生活社区、公共设施等多方面都应向老年人释放友好信号。适老化设施改造不仅是为了当前的老年人，也是为了未来的我们，让现在的设施对老年人更友好，也是对未来的我们所有人都更友好。

三 案例启示

滨河社区居家养老服务中心集智能化中间平台、互助养老机制、适老化设施于一体，充分满足了老年人的多样化需求，让老人们在家就能享受到优质的养老服务，过上幸福安康的晚年生活。滨河社区的养老服务措施实现了老人们居家养老的心愿，既能让老年志愿者老有所为又能让社区老人都老有所养。这些养老服务措施中蕴含着丰富的哲理，对于应对人口老龄化有重要启示。

第一，关爱老人，关注老年人的实际需求。老年人通过智能化信息服务平台可以便捷、快速地获得志愿者的各项上门志愿服务，满足日常生活需求。"时间银行"式的养老互助机制保障了老年人可以持续性地获得所需的志愿服务。适老化改造满足了老年人的居住需求，让他们的生活更加舒适。这些措施共同保障了老人度过幸福的晚年生活，体现了中华民族敬老爱老的优良传统。

第二，增强社区凝聚力，打造老年友好型社区。老年志愿服务队的模式，提升了老年人的社区参与，有效弥补了老龄化背景下的青年劳动力资源缺失。"时间银行"的公益时间兑换，既满足了老年人的社交需求，又让他们获得了未来的养老服务保障。通过不同年龄段老年人之间的互助交流，增强了他们对社区的归属感，有利于和谐社区的建设。根据老年人的特点进行的适老化改造，符合人口老龄化背景下的社区空间规划。在人口老龄化背景下，可以进一步挖掘社会各界的人力资源优势，调动更多社会力量共同参与建设老年友好型社区和老年友好型社会。

第三，以人为本，以"幸福"为价值导向。以老年人的需求为中心，通过信息技术、志愿服务、设施改造等多重途径，为老年人提供更优质的养老服务，让老人在家庭和社区中感受到被尊重、被关爱的幸福感。通过为别人服务来换取自己未来的养老服务的模式，既发挥了个人的社会价值，又实现了助人者自助的良性循环，这有利于增强社区居民的幸福感，推动社区和谐发展、社会文明进步。

案例点评

老龄社会已经是我国新型的社会形态，如何在基层治理领域更好地服务老年人，使老年人在社区生活中享受高质量服务，安度晚年和享受天伦之乐是我们必须探索的现实问题。河北省承德市高新区滨河社区居家养老服务中心以"老有所养"和"老有所为"为主旨的治理服务实践，创造性地回应了这个问题。一方面，滨河社区面向老年人的切实需求，构建了智能化服务平台，让服务更加便捷和现代化；推进了适老化改造，让服务更细心贴心；组织成立各类符合老年人喜好的兴趣团队，让服务更精准生动。另一方面，滨河社区并未将老年人视为被服务的客体，而是着力激发老年人的主体性，通过时间银行等机制的设置，让老年人成为志愿活动和社区自治的主力军，真正实现老有所为。总之，在人口老龄化的时代背景下，我们必须积极构建老年友好型社区，更好地满足老年人在居住环境、日常出行、健康服务、养老服务、社会参与、精神文化生活等方面的需要，切实增强老年人的获得感、幸福感、安全感。

25 探索乡村振兴新路　实现搬迁群众"安居梦"

山东省东营市垦利区董集镇杨庙社区

2021年10月21日,习近平总书记来到山东省东营市垦利区董集镇杨庙社区,走进便民服务中心、老年人餐厅、草编加工合作社,详细询问社区加强基层党建、开展便民服务、促进群众增收等情况。习近平总书记指出,要扎实做好安居富民工作,统筹推进搬迁安置、产业就业、公共设施和社区服务体系建设,确保人民群众搬得出、稳得住、能发展、可致富。要发挥好基层党组织战斗堡垒作用,努力把社区建设成为人民群众的幸福家园。

杨庙社区是山东省东营市垦利区董集镇下辖社区,是东营市为改善原黄河南展区群众生产生活条件而实施搬迁改造的由北范村、小街村、东范村、南范村、宋王村、罗盖村、新李村、西韩村、杨庙村、前许村、后许村11个沿黄行政村合并而来的新型农村社区。2013年,东营市委、市政府出台《关于实施黄河南展区新型农村社区建设的意见》,规划建设一批新型农村社区,其中杨庙社区2013年开工,总投资5.6亿元,建有住宅楼82栋、住房1446套,现有居民1535户、4792人。2016年12月完成集中搬迁。

一 基本做法

（一）党建引领促进乡村振兴，走上搬迁安居新道路

杨庙社区坚持党建引领，从理顺职能定位、提高服务效能等维度重塑组织架构，把社区党总支升格为社区党委。在杨庙社区党委的引领下，11个村党支部成立，在册党员237名。杨庙社区发挥基层党组织战斗堡垒作用，创新成立综合服务、生活环保、就业创业等8个功能型党支部，优选5名村党支部书记担任功能支部书记，引导社区全体党员积极参与各项工作。在群众搬得出稳得住的基础上，聚焦社区怎样治理好、服务好、发展好主题主线，着力构建组织、治理、服务、文化、产业、生态等全面融合的幸福家园体系，创新实施"一统领六融合"六大幸福工程，将"组织融合"作为关键一招，探索走出"党建统领、高效治理、精细服务、共治共享"乡村振兴新路子，真正实现群众的"安居梦""小康梦"。

杨庙社区高标准建设社区党群服务中心，定期开展"幸福来敲门""睦邻握手"行动，党群同心更见成效。创新"全科警长"走进社区，配套便民服务室、老年活动中心、日间照料中心、幸福食堂、妇女儿童家园等，实现社区群众"老有所养、劳有所为、少有所依"。"幸福就业驿站"直接对接全市460多家企业，实时提供建筑工、车间工等岗位，满足群众就业需求，实现"零活就业零距离、零工服务零收费"。

（二）特色产业赋能乡村振兴，焕发搬迁安居新气象

杨庙社区群策群力、抱团发展。2021年，杨庙社区整合11个村的合作社，率先成立东营市首家社区股份经济联合社——沿黄党支部领办产业联合社，并整合周边3家支部领办合作社和1处支部领办合作社孵化园，做大

做强沿黄特色果蔬产业，新建14座高标准大棚，联合打造北京海底捞餐饮集团直供基地，实现抱团发展、利益共享。该产业联合社下设7家党支部领办专业合作社和1个果蔬冷链仓储基地，采取"共集公司做市场、合作社搞生产、党支部抓服务"的分工协作机制，发挥出了"1+1+1>3"的产业发展优势，循环农业示范园、粮食烘干基地等新项目陆续落地，有效盘活杨庙社区1700余亩沿黄片区闲置土地，有效拉动社区增收，成为推动安居富民的重要支撑，形成"抓特色产业、壮集体经济、助农民增收、显南展风采"的沿黄农业产业示范带产业振兴新格局。

（三）金融引擎助力乡村振兴，盘活搬迁安居新资源

杨庙社区充分挖掘金融引擎服务的深度、广度和温度，全方位丰富金融手段，高质量升级金融服务。加强社区便民金融服务点的建设和改造，为社区居民提供支付结算、信贷投放、中间业务等一揽子金融服务。推动农商行分理处升级为社区支行，设立惠农通、裕农通服务点等多类型便民点5处，开展代发土地流转费、代取养老金、代收暖气费等业务，让金融服务便利化更好地惠及社区居民。此外，垦利区创新谋划了集乡村振兴培训、特色研学教育、村级产业孵化和农文旅融合发展于一体的"杨庙·黄河里"项目，设置乡村振兴学院，联合全市24个乡村振兴现场教学基地，培育具有现代化、数字化思维和能力的新农人群体，打造沿黄农村基层干部教育培训的热门"打卡地"；开发"初心石""妙妙吉祥物"等文创产品，培育新经济增长点，为高质量发展注入强劲动力，为社区后续发展涵养提供强有力的智力支撑。

二 成效经验

（一）党的组织领导是实现乡村振兴、搬迁安居的核心保障

加强基层党组织建设是做好实现乡村振兴、搬迁安居的"关键点"，也

是保证乡村振兴、搬迁安居朝正确方向发展的"指南针"。杨庙社区将党组织置于经济发展最前沿,社区11个村党组织中包括五星级党组织6个、市级五星级党组织示范村2个。充分发挥基层组织在宣传发动、组织群众方面的优势,支部全面配合,集中攻坚,建立村集体与群众利益联盟。基层党组织建设的坚强有力,使社区能够充分发挥基层党组织的领导核心作用,动员和组织广大群众投身到实施乡村振兴战略的伟大事业之中。通过党建引领合作社高质量发展,搭建村级党组织干事创业的平台,提升村干部履职能力,切实打造一支政治素质强、能力强、责任心强、想干事、有活力的乡村基层党组织班子队伍。杨庙社区切实把组织优势转化为产业发展优势,重点发挥党组织领办合作社的作用,积极探索农村集体经济实现的多种形式,增强产业振兴的力量,充分发挥党组织的优势力量,实现高质量落实乡村振兴战略、高质量实现搬迁群众的安居梦。

(二)产业振兴发展是实现乡村振兴、搬迁安居的物质基础

探索乡村振兴、实现搬迁安居,必须扭住产业振兴这个"牛鼻子"。杨庙社区发展草编工艺加工、农村电商、休闲采摘、乡村研学游等农业新业态,不断推动农村产业融合发展,从而延长农业产业链条,尤其是拓展加工流通延伸产业链,构建完善的产业、生产和经营体系,提高农产品附加值,助推农业高质量统筹发展,实现农产品初加工和精深加工,推进农产品多元化开发。同时,将完善基础设施建设作为重要关键环节,努力促进城乡公共服务均等化。杨庙社区楼栋排布整齐有序,道路开阔平坦;各类公共设施完善,社区服务体系覆盖面广;社区书屋、便民服务中心、老年人餐厅、社区智慧治理中心等设施便捷高效;村庄道路、市政、标识、旅游服务等基础设施完备。兼顾培育新型农业经营主体和推动小农生产快速步入现代化轨道,让广大农民能够以多种形式从产业振兴中不断增强获得感、幸福感,进而激发其投身乡村振兴的热情和动力,以此实现各个产业

链条的不断增值，创造出更大价值。

（三）实现普惠金融是实现乡村振兴、搬迁安居的有力保障

普惠金融是乡村产业振兴、搬迁群众安居乐业的重要支持力量。农发行东营市分行积极支持杨庙社区大力发展果树种植、乡村旅游等产业，助力民众收入由单一种植收入为主向土地流转、务工和经营收入转变。据统计，该行以服务黄河流域统揽各项业务发展，2016年以来共支持70余个项目，审批贷款金额324亿元。2020年7月22日，垦利农商银行杨庙社区金融服务宣传站顺利开业；2021年10月以来，垦利农商银行抢抓支持杨庙社区乡村振兴、支持黄河流域生态保护和高质量发展时机，加大普惠金融力度，创新信贷产品，优化金融服务，以普惠金融支持铺就美丽乡村幸福路。垦利农商银行定期开展走访调研，增加客户经理驻点办公频次，对村内客户进行走访宣传，强化与辖区种养大户、农业专业合作社对接，及时了解信贷需求，推广"粮食规模种植贷""大田托管贷""创赢贷"等匹配信贷产品，强化信贷支持力度，为45户种养大户和农民专业合作社投放贷款2173万元，有力解决燃眉之急。同时，积极与人社局、银联沟通对接，支持养老公益项目，联合杨庙社区幸福食堂推出凭垦利农商银行社保卡"八角钱"就餐优惠活动，每年为社区老年人节省餐费8000余元，将普惠金融送到家家户户。2022年6月，垦利乐安村镇银行特推出专门信贷产品——社区振兴贷，推进落实金融服务乡村振兴战略，支持杨庙社区经济和社会健康发展。

三 案例启示

杨庙社区由11个行政村融合而来，各村产业特色、风土人情、风俗习惯存在一定差异。杨庙社区始终坚持人民至上的执政理念和"全心全意为人民服务"的根本宗旨，初心不改当年，以金融服务为桥梁，以产业赋能

为驱动，以乡村振兴为目标，整合各级扶持资金，抱团拓展产业链条，以产业联合社模式共同建设党支部，领办合作社孵化园、粮食烘干基地等富民产业项目14个，推动产业"集聚式"发展，更好地为社区居民提供精准化、精细化服务。产业联合社以谋求全体成员的共同利益为宗旨，成员地位平等，实施民主管理、自主经营、利益共享，让不同年龄阶段的群众实现了就业增收，切实提升了社区群众的获得感、幸福感和满足感。同时，杨庙社区坚持文化传承，以"彰文化、活旅游、聚产业、促发展、惠民生"为宗旨，充分利用黄河沿线丰富的土地资源和人文景观，做好农文旅深度融合、创新发展大文章，打造一批"保得住生态、留得住文化、记得住乡愁"的精品示范工程，铺就乡村振兴"幸福路"，让"杨庙一家亲"的理念深入人心，使社区居民更快融入社区，让百姓不仅"住上好房子"，更"过上好日子"。

案例点评

对于搬迁社区来说，"住得好、有活干、有钱赚"是老百姓关心期盼的事；怎样治理好、服务好、发展好，是社区建设发展的重心。"三年攒钱、三年垫台、三年建房、三年还账"曾是滩区居民的"魔咒"。现如今，他们搬进楼房，拥有了一个"稳稳的家"，"迁"出了美好幸福新生活。杨庙社区坚持党建统领，充分发挥党组织统领作用，8个功能型党支部拧成一股绳，群策群力，找到了很多增收致富的好办法，既满足了居民在家门口就业的需求，也打破了原先各村庄"单打独斗"的区域壁垒。以产业党支部为例，以科学规划为先导，以振兴乡村产业、改善社区人居环境、提高社区群众生活水平、建设幸福家园为目标，调度多家瓜果合作社，实行统一购苗、种植、销售等，让产业抱团发展，大力发展特色富民产业，多渠道增加群众收入，加快推动共同富裕，全面改善提升社区管理服务功能和治理水平，确保群众搬得出、稳得住、能发展、可致富，传承弘扬南展特色文化，持续培育文明乡风、淳朴民风，努力把杨庙社区建设成为人民群众的美丽宜居幸福家园，全力打造全省、全国标志性沿黄新型农村社区典型样板，创造了可复制、可推广的"杨庙经验"。

26 党建引领，协同治理

湖北省武汉市东湖高新区左岭街道智苑社区

武汉市东湖高新区左岭街道智苑社区是一个国有企业棚改还建小区，常住人口3800余人，大多是葛化集团、原武汉化工二厂退休职工。因此，智苑社区有几大特点，即老龄化现象突出、居民有较强企业情怀、参与公共管理事务热情高。

2022年6月28日，习近平总书记来到湖北省武汉市考察，走进智苑社区，同干部群众亲切交流。习近平总书记在考察时指出，要把更多资源下沉到社区来，充实工作力量，加强信息化建设，提高应急反应能力和管理服务水平，夯实城市治理基层基础。

智苑社区坚决贯彻指示精神，牢记嘱托、感恩奋进，结合美化环境与幸福生活共同缔造试点工作，持续创新基层治理体制机制，强化党建引领，坚持群众主体，践行"五共"理念，积极探索打造多元共治"智苑样板"。社区根据居民需求，设定了小区整体环境改造提升、养老服务"两区一堂"、社区文化展厅等14项重点建设任务，区、街、社区、共建单位同心协力，居民群众积极参与，一幅幸福智苑的新画卷正徐徐展开。

一　基本做法

（一）党建引领社区治理

1.坚持党的核心地位，提升党的组织引领力。一是构建党建引领的社区治理体系。智苑社区以网格为单位建立党支部，以楼栋为单位成立党小组，全面推行党员入户管理制度，构建了"街道党工委-社区党委-网格党支部-楼栋党小组-党员中心户"五级组织体系，真正做到党建引领社区治理。二是党支部联合多家共建单位打造了"5+1+N"模式，即5个网络党支部、1个流动党支部、N家共建单位联合开展支部主题党日活动。党组织发挥领导作用，发动群众参与社区建设，这一模式丰富了主题党日活动的内容与形式，凝聚了党员群众参与社区治理的力量。

2."共同缔造"促进多元共治，构建社区治理新格局。一是搭建"共同缔造"工作坊，培育社区治理人才队伍。智苑社区的共同缔造工作以项目化运作方式推进，成立了由街道挂点干部、社区"两委"干部、社工机构、党员及志愿者组成的"幸福智苑共同缔造工作坊"，组建了"共同缔造"工作专班，聘请社区工作服务中心提供专业保障，培养专业素质过硬、服务能力较强的社区治理人才队伍。二是实现社区共治的制度化，带动群众"共谋"社区事务。共同缔造工作坊将所学社区治理知识活学活用，以"给社区居民一封信"的形式号召社区居民就党群服务中心改造、小区物业服务质量提升等项目贡献"金点子""大智慧"。线下开展楼栋小组座谈，线上建立"小组线上讨论智库"，推出了与居民生活相关的一系列公约，充分彰显了群众意志，促进了日常事务群众管、大事小事群众性治理机制的形成。

3.培育社区共同文化，凝聚治理合力。一是因地制宜弘扬"老葛化"红色文化。智苑社区因地制宜把葛化红色基因作为重要法宝，以学习弘扬"老葛化精神"为旗帜，以社区文化展馆为载体，全面展现"老葛化"记忆，培养居民的情感认同，以共同文化激励社区居民主动参与社区建设。二是开展丰富多彩的文体活动，打造"文润智苑"。社区组织居民开展团扇刺绣、彩绘编织、戏曲沙龙、楚辞诵读、写春节对联等特色活动，传承中华优秀传统文化，提高社区居民的文化积淀。另外成立了绘画、手工、书法等多种文艺社团，组建了群众性文艺团队。

（二）完善社区公共空间

1.完善基础设施。2018年，葛化集团拆迁户搬入新房后，出现房屋漏水、地下管网不畅、缺乏休闲娱乐活动空间等问题。开展"共同缔造"活动后，社区开展了针对以上问题的改造和优化工作，又在征求居民意见的基础上，将部分停车位改造，添置了健身器材、座椅等设施，加装了遮阳棚，为丰富居民的休闲娱乐生活提供了硬件支撑。

2.打造公共空间。"共享客厅"是智苑社区的一道风景线，最初目的是解决楼道内杂乱不堪的问题。开展"共同缔造"活动后，社区在各楼栋建立了一间"共享客厅"，配置了电视、沙发桌椅，铺设了公共管网。"共享客厅"的建立激发了居民参与社区事务的热情，居民成为"共享客厅"的共建者、共管者。

（三）医养相结合的养老服务模式

智苑社区使用云端数据库和移动端应用，建立老年人健康管理和疾病决策支持系统，构建"医院-社区-家庭"养老服务全科医生签约模式。针对社区老龄化问题，社区创新养老服务模式，建立了以居家为基础、社区为依托、机构为补充、医养相结合的养老服务模式，重点打造了"两区一堂"。社区的开发商拿出了4套房用于打造"两区",即康养区和医养区;"一堂"则是社区的"幸福食堂",持老人卡就餐可以享受优惠。

二 成效经验

(一)夯实了党在基层的执政基础

智苑社区在全国率先开展在社区成立党委。社区党组织工作覆盖面不断扩大,凝聚力和战斗力不断增强。按照"社区建党委、楼道建支部、单元建小组"的思路,智苑社区严格落实五级包保制度,形成了比较健全完善的城市社区党组织体系和"纵向到底、横向到边,不留空白、不留死角"的党建网络,夯实了党的执政基础。

(二)扩大了社区居民的有效参与

智苑社区率先建立居民"共享客厅",开创社区治理居民参与先河,社区协商议事机制逐渐完善,各地建立起如居民协商议事会、居民会客厅、社区调解庭等机构,发挥了社会主义协商民主的重要作用,为基层民主的发展搭建了有效平台,建立起党委、政府和社区居民共同参与、协商、治理社区公共事务的机制。

(三)形成了社会力量的协同治理

智苑社区通过开展丰富多彩的文化娱乐活动,有力促进了居民的社区归属感,增强了居民的主人翁意识。"共同缔造"活动开展后,社区提供的多项公共服务解决了居民诸多问题,获得了居民的认同。通过多项举措解决了居民活动空间少的问题,满足了不同人群多元化的需求,居民的满意度不断提升。

三 案例启示

社区通过一系列举措鼓励居民参与社区建设与发展。一是通过议事会制度培养居民的参与意识。二是通过志愿服务激发居民的参与热情。"共同缔造"活动开展后，培养居民自治能力。三是通过社区参与增强居民的责任意识。在参与社区事务的过程中，居民间的信任与友爱之情不断升华，其责任意识、法治意识不断提高。智苑社区党建引领社区治理的创新思路为其他地区开展社区治理工作提供了可借鉴的经验。

（一）坚持党对社区治理的全面领导

在社区治理中要坚持党的领导地位，保障社区治理走在党指引的正确路线上，不断发挥党的建设对社区治理的政治引领、利益协调、资源统筹和文化导向作用。智苑社区坚持党在社区治理中的领导地位，在实践中，将党的建设工作贯穿于社区治理的各个方面，不断增强社区党组织的凝聚力，提升社区治理效能。创新搭建了网格化治理体系，以信息技术为抓手，把居委会、业委会、物业公司以及社区派出所等各方面力量组织起来，带动多元主体共同开展主题党日活动，丰富主题党日活动的内容和形式，扩大活动覆盖面，夯实了党的执政根基。

（二）坚持以人民为中心的价值追求

党建引领社区治理是走好新时代群众路线的重要途径，坚持以人民为中心是党建引领社区治理的出发点和归宿。智苑社区秉持以人民为中心的发展理念，一切工作都服务于社区居民群众的实际需求，聚焦社区居民的急难愁盼，回应社区居民的所思所盼，着力提升精准服务水平，提高居民的幸福感。

（三）坚持发挥人民群众的主体作用

智苑社区在社区治理过程中依托"共同缔造"试点活动，提高社区居民、共建单位、社会组织等参与社区治理的积极性，提升共建单位、社会组织的内生动力，增强社区居民的主人翁意识。

（四）坚持文化建设增进社区凝聚力

文化兴国运兴，文化强民族强。在党建引领社区治理中要注重用文化之魂团结群众，发挥文化凝聚人心、汇聚民力的作用，激发居民参与社区治理的内生动力。持续建设社区文化阵地，根据居民的需求增设文体设施，及时更新社区公共空间的文化宣传栏以及微信公众号推文，发布社区好人好事，营造和谐善治的良好氛围。

加强社区党组织建设，强化党组织的政治功能和组织功能，从而更好发挥党组织在社区治理中的领导作用，更好发挥党员先锋模范作用。要把更多资源下沉到社区来，充实工作力量，加强信息化建设，提高应急反应能力和管理服务水平，夯实城市治理基层基础。武汉始终坚持以党建引领社区治理，坚持推动党的组织和工作纵向到底、横向到边，切实加强党对社区各类组织的统一领导；同时，创新组织引领机制，动员各方力量参与社区治理，形成多元共治合力。

案例点评

党的十八大以来，习近平总书记的调研足迹遍布了大江南北，深入山村乡寨、街道社区，察民情、听民声、体民意，看变化、谋发展，彰显了深厚的人民情怀。社区在国家治理中有着特殊且重要的位置。习近平总书记就加强基层治理现代化提出了一系列新思想新理念新要求，引领基层治理现代化实践不断取得新成果，持续夯实国家治理的根基，开辟"中国之治"新境界。

社区是居民生活的基本单元，也是最基层的党组织，把基层党组织建设好就是把基层政权巩固好，智苑社区坚持以党建为引领开展社区治理，真正把工作落到实处，执行也更加有力。社区工作说到底就是为民服务、为民办事，智苑社区坚持"以民为本"的理念，在持续做好居民日常生活、居家养老等便民服务的同时不断丰富居民的精神生活，在社区治理上做到人人参与、人人负责、人人奉献、人人共享，大大提升了社区居民的参与感、归属感以及获得感，同时也满足了居民多层次、差异化、个性化新需求，形成了共建共治共享的基层社会治理格局。

智苑社区的社区治理成功经验，是近年来全国各地不断深化党建引领基层治理的实践成果之一。在以习近平同志为核心的党中央坚强领导下，不断提高基层治理的社会化、法治化、智能化、专业化水平，让基层党组织更好发挥协调各方、调配资源的作用，更好履行组织、宣传、凝聚、服务群众的职责，我们就一定能夯实党长期执政和国家长治久安的基层基础，也必将带给每个人更加充实、更有保障、更可持续的获得感、幸福感、安全感。

27 同心同行　共筑和谐家园

乌鲁木齐市天山区固原巷社区

党的二十大报告指出:"完善大统战工作格局,坚持大团结大联合,动员全体中华儿女围绕实现中华民族伟大复兴中国梦一起来想、一起来干。"民族大团结不仅仅指民族政策的贯彻执行,也包括基层治理中多民族融合发展,维护基层社会和谐稳定。因此,实现民族团结进步与基层党建活动的有机融合是少数民族地区基层治理的重要任务,也是民族区域自治制度的重要一环。推进"民族团结+社会治理"工作模式,能够达到事半功倍的效果,探索民族团结与基层治理有机融合迫在眉睫,只有解决了这一关键问题,才能有效提升基层治理体系与治理能力现代化,才能铸牢基层治理之基。2022年7月13日上午,习近平总书记在乌鲁木齐市考察调研期间,前往天山区固原巷社区,走进党群服务中心,了解便民服务开展现状,特别是老年人和青少年文化活动开展情况。并来到维吾尔族居民阿布来提·吐尔逊家中,仔细看了客厅、卧室、厨房等,与其一家人围在一起拉家常,了解近几年来这个家庭、这个社区的变化。习近平总书记对于小小社区的牵挂,体现着人本情怀,体现着始终将人民放在心中最高位置。

成立于2001年的固原巷社区,是典型的多民族社区,社区现有1750户、4635人,其中少数民族居民比例超过95%。作为民族团结示范社区,固原巷社区是全国665个民族团结进步模范集体之一,除此之外,"全国民族团结进步模范集体""全国学雷锋活动示范点""自治区先进基层党组织""全国敬老文明号"等一系列荣誉证明了固原巷社区治理的成绩，也证明了固原巷社区是一个安定团结、和睦祥和的幸福家园。在固原巷社区考察时，习近平总书记强调，"社区工作连着千家万户，要充分发挥社区基层党组织的战斗堡垒作用，把工作重心下沉，紧贴各族居民所思所想所盼，帮助大家办好事、办实事、解难题，促进各族群众手足相亲、守望相助，共建美好家园、共创美好未来"。习近平总书记的话语表明了要想实现基层社会的长治久安，加强基层党建工作至关重要，只有基层安才能天下安，只有坚定不移地推进党建引领基层治理，才能铸牢中华民族共同体意识，画出民族团结"同心圆"。

一 基本做法

社区工作连着千家万户，做好社区工作十分重要，尤其对于少数民族地区，社区治理与边疆和谐稳定密切相关，习近平总书记指出："要把社区作为民族团结进步创建的重要阵地，发挥各民族人民手拉手、心连心的好传统，共同建设民族团结一家亲的和谐家园。"[①]因此，固原巷社区坚持党建引领基层治理创新，以创建民族团结进步示范社区为抓手，解决社区居民急难愁盼问题，化解基层矛盾，做好多民族文化繁荣工作，共创和谐美好家园，具体做法如下。

（一）加强战斗堡垒，发挥党建引领强大作用

党建引领是做好民族团结进步创建工作的基础，固原巷社区坚持党建

---

① 《坚持以人民为中心深化改革开放　深入推进青藏高原生态保护和高质量发展》，《人民日报》2021年6月7日。

引领，为社区发展提供活力。通过构建四级党组织全覆盖工作体系，下设3个党支部以及7个党小组，社区干部、党员主动入户收集社区居民意见和建议，围绕社区居民的闹心事、烦心事以及糟心事创立"三项清单"，提升公共服务的精准化。其中一个清单是收集居民诉求的"需求清单"，一个清单是社区想办法找资源提供的"资源清单"，另一个清单是围绕"需求清单"梳理形成的"项目清单"。通过"三项清单"实现了以社区居民需求为导向的党群服务模式，为各民族社区居民提供多样化、专业性和针对性的服务。

（二）丰富文化生活，推动民族交往融合

习近平总书记在党的十八大之后首次考察新疆时强调"新疆的问题，最难最长远的还是民族团结问题"，在2020年9月召开的第三次中央新疆工作座谈会上，习近平总书记再次指出"要以铸牢中华民族共同体意识为主线，不断巩固各民族大团结"。由此可见，边疆工作的首要问题就是文化问题以及意识形态问题，社区治理的各项工作都要向这条主线聚焦聚力。因此，固原巷社区采取一系列活动强化文化认同，促进民族团结，实现民族一家亲。一方面，创新文化宣传手段，丰富文化产品。将党的最新精神、最新思想和政策文件及时向社区居民传达，是做好思想教育工作的前提，固原巷社区党委走街串巷宣讲党的政策，促进政策入脑入心，提升社区居民的思想觉悟，强化意识认同。另一方面，创新多样化文化产品，在欢声笑语中强化文化认同。老年舞蹈队、少年武术队、少年舞蹈队、合唱队以及书画队等9支群众文化团队坚持常年训练，并依托"我们的节日"系列活动开展文艺表演，不仅增进了社区工作人员与社区居民之间的感情，展现出新时代干群关系，更促进了各民族群众的交流交融，共筑固原巷的美好精神家园。

（三）搭建服务平台，促进多民族共建

让群众广泛参与才是共建共治共享社会治理新格局的本质要求，才能彰显社区主人翁地位。社区治理中政府、非政府组织、自治组织以及志愿者等主体都是外在驱动力，而社区居民的积极参与才是化解社区矛盾，提升基层治理体系与治理能力现代化水平的根本动力。为了更好地体现多元共治，固原巷社区采取交流会、恳谈会等形式，将社区居民、老党员以及社区工作者聚集起来，以拉家常的方式拉近干群关系，消除情感隔阂，从而根本上了解到社区居民的需求、痛点和堵点，为更好地实现社区治理提供依据。与此同时，针对基层矛盾多发的问题，固原巷社区创建"民生研判会"，集体讨论民生问题，正如社区原党总支书记刘波所讲："民生研判会其实就是群众向我们反映问题，我们商量解决办法的。小到家中闹蟑螂，大到邻里纠纷，我们都会想办法解决。"借助"民生研判会"形式，社区居民的实际问题得到了真正解决，增强了他们的满意度和幸福感，促进了他们积极参与社区治理的意愿。从2016年开始的"民生研判会"由最初只有楼栋长参加，现在拓展到老党员、双联户共同参与，形成了党群协同治理合力。在解决民生问题过程中，多民族居民消除了隔阂、增进了友谊，建立了和谐温馨的邻里关系。

二 成效经验

近几年，通过党建引领社区治理，固原巷社区交出了一张亮眼的成绩单，各种各样的荣誉是固原巷社区各民族居民团结一家亲的生动写照。

（一）"一老一小"托起社区幸福，打造社区品牌服务

"一老一小"关乎社会和谐，是一项系统性工程，也是积极应对人口老

龄化的重要举措。不断增加的老龄人口成为个人、社区以及社会的关键问题。习近平总书记视察新疆时关键的一个重点问题就是"一老一小"。

聚焦"夕阳红",固原巷社区通过不断优化服务、细化服务以及精准化服务,使得"老有所养"转变为"老有颐养"。为了营造安全、便捷、舒适的居住环境和生活品质,固原巷社区不断满足社区老年人的医疗、娱乐以及公共服务需求,例如社区干部上门教老年人使用智能手机,帮助老年人跨越"数字鸿沟"。社区志愿者免费上门为老年人提供体检、理发、护理以及居家打扫等服务,提升老年人的生活品质。除此之外,为了让老年人享受到看得见、摸得着、感受得到的服务,社区干部上门了解需求,将社区卫生服务中心打造成集娱乐、健康以及餐饮于一体的日间照料中心,打造"15分钟社区养老服务圈"。随着社区养老服务水平不断提升,固原巷社区养老更有保障,更有品质,实实在在地增加了养老群体的幸福指数。

聚焦"小太阳"工作,固原巷社区通过不断丰富社区服务,创新服务项目,打造儿童友好社区。作为祖国的未来,做好"一小"照料工作也是社区治理的重点任务。为了满足青少年多元化需求,固原巷社区打造"小小少年宫",开设了国学班、书法班、京剧班等功能不同的兴趣班。根据各自不同的爱好,暑假期间孩子们能够在"小小少年宫"收获快乐和知识。与此同时,社区通过"六点半课堂"志愿服务活动,利用"一室多用"的场地优势,在组织孩子们完成作业的同时,开展丰富多彩的教育活动,解决了双职工家庭孩子照料问题。为了确保"幼有所育",固原巷社区链接社会力量,为青少年提供专业化、高水平的服务,例如暑假期间会邀请新疆财经大学的学生作为志愿者,教青少年诗词、书画以及棋牌,培养孩子们兴趣爱好。

(二)邻里守望相助,民族团结一家亲

固原巷社区党总支书记阿孜古丽·克里木讲道:"辖区少数民族群众

多，民族团结对我们社区来说尤为重要。多年来，社区把民族团结作为最大的群众工作，积极创造各族群众共居共学共事共乐的氛围，促进各民族交往交流交融。"因此，做好民族团结工作是固原巷社区治理的首要任务。作为一个少数民族群众比例较高、外来流动人口比例较大的社区，固原巷社区坚持用好"讲、育、促、助"四字诀，促进民族交融沟通，为多民族群众和谐相处创造良好的社区环境。与此同时，社区建立了"好人库"，推选32名好邻居和好干部，定期向各民族群众宣讲社会主义核心价值观以及民族团结等相关内容，充分发挥身边人的示范作用，以身体力行影响他人，传播正能量。这些"好人"不仅解决了社区居民日常生活中急难愁盼的苦难，也温暖了邻居们的内心，社区的凝聚力越来越强，真正成为团结一家亲的大家庭。

（三）夯实基层党建根基，强化提质增效效果

基层党建是党建工作的重要一环，也是党建工作的重点难点。由于社区矛盾纷繁复杂，多民族社区治理难度较大，只有充分发挥好基层党建作用，不断夯实"红色根基"，才能提升基层治理水平。固原巷社区坚持党建引领为基层治理奠定了基调，注入了活力。通过优化组织体系，强化党在基层治理工作中的领导力；通过不断强化队伍建设，提升基层党建的战斗力；通过不断提升服务水平，实现了为民造福的宗旨。固原巷社区在基层党建下足了"绣花功夫"，壮大了基层党建力量，提升了基层党建水平，夯实了基层党建地位，使得基层党组织成为社区居民的主心骨。

三 案例启示

作为党建引领多民族融合的典型示范，固原巷社区的成功经验为其他少数民族地区基层治理提供了有益借鉴，"要把社区基层党组织建好，真正

发挥战斗堡垒作用"也成为其他地区基层治理的重要启示经验。

（一）重党建，打基础

社区是基层党组织开展活动的重要载体，社区治理水平的评价标准是群众满意不满意、欢迎不欢迎以及受益不受益，如果群众的幸福感、获得感和满足感得不到满足，党组织在群众中的威望就会受到影响，社会治理的根基就会受到动摇。因此，抓好阵地建设，巩固基层党组织的战斗堡垒作用至关重要。因此，要大抓基层党建工作，推进基层党组织标准化、科学化和专业化建设，不断充实基层党组织力量，不断强化基层党组织的政治引领作用和为民服务本领，让群众切实看得到、摸得着党的温暖。

（二）重服务，促和谐

固原巷社区党委始终坚持党建引领赋能社区治理，在排查危险隐患、化解邻里矛盾、开展志愿服务等方面发挥积极作用。以居民需求为导向开展工作，以居民满意度为标杆优化工作内容，以解决居民急难愁盼问题为工作目标，实现小事不出社区、矛盾不上交，营造各民族群众和谐相处的融洽气氛。

（三）重文化，促认同

文化是一个民族的灵魂，文化认同是民族认同的基础，对于少数民族地区，做好民族团结的基础在于教育。因此，开展主题教育、学习教育以及文化宣传等活动，为邻里交流搭建沟通平台，使得不同民族的居民能够亲自参与其中，感受不同民族的魅力，在潜移默化中增强民族认同感，增强对中华传统文化的认同感，助力构建和谐社区。

案例点评

　　社区工作连接着千家万户，做好社区工作十分重要。习近平总书记在固原巷社区考察时强调："上面千条线，底下一根针，很多工作需要由社区去完成。"无论是常态化治理还是应急防控中社区都发挥着至关重要的作用，尤其在少数民族地区基层治理的重要性更加凸显。只有不断做好为民服务"最后一公里"工作，才能夯实民族团结的根基，只有将为民服务落到实处，才能营造团结友好的社区环境。习近平总书记对固原巷社区的考察是对其基层治理工作的认可，也说明了一个优秀的社区必须要做好急百姓之所急，想百姓之所想，才能够得到群众的认可，这既是习近平总书记去社区考察一以贯之的重要要求，也是基层治理取得成功的关键。每一位社区居民对于固原巷社区的赞许，每一张笑脸都是固原巷社区基层治理的成绩单，也是社区居民幸福感、获得感和满足感的生动写照。习近平总书记牵挂社区中的每一名成员，牵挂他们的"小事"，尤其是"一老一小"更是重点关切对象，固原巷社区针对"一老一小"的种种举措使得老年人有了好的去处，青少年有了健康快乐成长的环境，让基层治理更有温度，让各民族的社区居民像石榴籽一样紧紧地抱在一起。

28 适老宜幼　老旧小区焕新生

辽宁省沈阳市皇姑区三台子街道牡丹社区

牡丹社区隶属于皇姑区三台子街道，地处皇姑区的北部，与世界文化遗产北陵公园隔街相望。辖区占地面积29万平方米，共有2个园区，60栋居民楼，是一个典型的开放式老旧小区。辖区内有居民3094户、10187人，驻区单位21家，商户59家。社区办公面积1407平方米，社区党委下设18个党支部，其中自管党支部11个、非公党支部5个、联合党支部2个，自管党员563名。

牡丹社区有"一老三多"四个特点：一是房龄老，基础设施老化，改造前的牡丹社区楼体破败，私搭乱建随处可见，"晴天满地是坑，雨天到处泥泞"，采暖和安全问题也令居民们苦不堪言，许多居民因无法忍受老旧的生活条件而被迫搬离；二是老人多，社区居民中60岁以上老人有3230人，占社区总人口31.7%；三是劳模多，牡丹社区居民以沈飞（集团）公司在职、退休工人为主体，有全国先进模范1名、省级先进模范3名、市级先进模范6名、区（厂）级先进模范72名，车间先进模范遍布社区每一栋居民楼；四是孩童多，社区适龄儿童有400余人。社区党委结合辖区特点，以"提高群众幸福指数"为出发点，坚持党建引领，结合社区专项体检找出五大类社区短板，全链条协商解决社区问题，让辖区居民的幸福生活触手可及。

2022年8月17日，习近平总书记到牡丹社区视察，在对社区服务、老旧小区改造等工作给予充分肯定的同时，提出了一系列重要期许。习近平总书记强调，老旧小区改造直接关系人民群众的获得感、幸福感、安全感，是提升人民生活品质的重要工作。改造老旧小区，既要改善居住环境和生活设施，也要加强社区服务、提高服务水平。习近平总书记在视察时指出，老人和小孩是社区最常住的居民，"一老一幼"是大多数家庭的主要关切。我国已经进入老龄化社会，要大力发展老龄事业和老龄产业，有条件的地方要加强养老设施建设，积极开展养老服务。他还强调，未成年人健康成长事关国家和民族未来，事关千千万万家庭幸福安康。社区要积极开展各种公益性课外实践活动，促进未成年人身体健康、心理健康、心灵健康。

一 基本做法

牡丹社区牢记习近平总书记嘱托，不断改善人居环境，做实民生服务，着力加强"一老一幼"服务，提升社区服务功能。秉承"民事共商、社区共建、家园共治、成果共享"工作理念，牡丹社区推行坚持社区党委1个核心，统筹社区党组织、居委会、"大党委"、社会组织、自治委员会、"两代表一委员"等6方力量，解决群众"N"个诉求的"1+6+N"工作模式，搭建互信共赢、协调配合、议事共建平台，倡导"沈飞精神"，全力打造"两邻（与邻为善、以邻为伴）品质幸福圈"。

（一）社区党委"1"个核心，强化"红色引领"

社区党委充分发挥领导核心作用，通过引导广大党员主动带头、示范，吸引整合各方力量积极参与社区治理，不断加强和创新社区管理服务、推进社区民主自治建设。社区党委通过引领居委会、"大党委"委员、社会组织、自治委员会、"两代表一委员"，共同作为社区管理的6方重要主体，搭建了互信共赢、协调配合、议事共建的平台，承担领导、管理、服务、协调等职能。通过解决好社区存在的突出问题，实现"共商、共建、共享"，打造助邻宜居新家园。

（二）整合"6"方资源，打造"两邻"幸福圈

1.发挥基层党组织优势，建立完善四级党组织工作体系。构建"社区'大党委'-楼院党支部-单元党小组-优秀党员（党员中心户）"四级党组织体系，推动党的"末梢神经"向居民小区、楼栋延伸。做实"党员骨干倍增"工程，以全国劳模唐乾三为代表的优秀楷模，通过"一带一、一带N"，充分发挥各级劳模示范引领作用。成立"牡丹劳模志愿服务队""巾帼萤火志愿服务队""老兵义务巡逻队"等社区志愿组织，利用每月第一个星期五为居民免费理发、修理家电、开展文艺会演等，将居民请出"小家"融入"大家"，打造充满友爱与奉献精神的"红色幸福牡丹"。

2.以解决居民"急难愁盼"为核心，摸准居民群众需求。遵循"问需于民，问计于民"原则，成立居民议事委员会，建立协商议事厅，将社区居民转变为社区治理的主体。筹建"睦邻互助会"，按照便民、分类原则，成立9个互助小组，建立社区积分兑换机制，打造线上线下互助服务体系，发动群众参与到社区问题讨论、策略研究和行动落实当中，真正做到"群众的事情群众自己商量"。以群众需求为导向，开展邻里"相帮、相助、相乐、相送"4个互助服务项目，吸纳近千人参与互助活动。

3.构建"横向到底纵向到边、全区域无死角"的网格体系。牡丹社区党委按照"一网格一个党组织，一网格一个自管委员会"的原则，由社工和优秀社区党员骨干担任网格员。同时，建立环境卫生、居民教育、治安联防等公共事务自我管理机制，由社区作为召集人，每月中旬召开一次自管委员会协商议事会，涉及楼院和居民切身利益的问题，通过自管委员会进行民主协商议事决定。通过"自我管理、自我教育、自我监督、自

我提升"的民主形式，形成"我的家园我做主，我的小区我来管"的管理理念。

4.强化社区"大党委"引领，打造区域化基层党建新格局。牡丹社区采用"专职委员+兼职委员"模式，创新党建模式，多元主体参与社区治理，实现了区域化党组织建设与社会治理的深度融合。将沈阳飞机工业（集团）有限公司工会、242医院、航空实验小学、沈阳飞机工业（集团）有限公司二十一厂的各个党组织力量凝聚起来，组建社区"大党委"。同步成立社区委员会、社区成员代表大会、社区监督委员会，搭建居民议事平台，构建居民议事、辖区党组织共同参与的治理新模式。

5.积极引进社会组织嵌入服务，巩固社区多元治理实效。社区党委通过引进"社会组织"利州公益、九如城居家养老服务中心、哈尔滨银行共同开展志愿服务创投，充实社区服务项目，从人力、物力、资金上扶持。对社区7支志愿服务队进行专项指导，解决社区"双职工"、特困家庭孩子托管难的"四点半课堂"应运而生，并为空巢老人提供日间照料食堂、心理慰藉等服务，满足广大居民群众多元化服务要求。

6.充分调动"两代表一委员"，助力提升基层社会治理效能。代表委员们积极发挥建设性作用，发挥自身优势，助力解决各类社区治理突出的问题。通过"两代表一委员"工作室，使一些需要政府职能部门解决的问题下沉到社区网格中，在社区治理与政府管理的互动上做好衔接和对接工作。

（三）面对居民"N"个诉求，强化"民呼我应"力量支撑

牡丹社区坚持各类资源相结合，构建党建引领下的社区治理工作力量全进入、群众需求全收集、分类分级全解决、服务过程全评价服务模式，实行"双向需求征集、双向提供服务、双向沟通协调、双向评价通报"4个双向机制，着力构建"党建引领全统筹、服务力量全报道、共商共治全

程议、百姓呼声全响应"的社会治理新格局。围绕居民群众"报事"和"办事"需求，明确"线上集、网格巡、入户访、座谈征、舆情寻、上级派"6种方式，全面收集群众呼声。第一时间解决居民生活中的急事、难事、烦心事。面对居民的"N"个诉求，将"问题清单"转化为办实事的"项目清单"，确保细处着力、落地见效，把实事办到群众心坎上。

二 成效经验

牡丹社区党委深入践行"两邻"理念，推行党组织领导下的"1+6+N"社区治理模式，健全睦邻议事会议制度，推动"民事共商、社区共建、家园共治、成果共享"在居民中扎实落地，实现社区居民自我管理、自我教育、自我服务，逐步提升社区治理能力，形成党建引领社区治理良性互动。

（一）改造工程使老旧小区焕新生

牡丹社区坚持改造前、改造中、改造后"三问于民"。经过精心的规划设计，社区于2021年深化推行全面改造，实施"一拆五改三增加"——拆违，改线、改墙、改管、改路、改绿，增服务场地、增休闲设施、增安全管理。改造期间，居民全程参与项目的决策、建设和管理，实现了从"站着看"到"跟着干"的转变，还组建了"居民义务监督小组"，随时监督工程进度和质量。电线电缆入了地，保温板上了墙，城市书房、幸福广场、休闲亭廊一个个从无到有。如今的牡丹社区发生了脱胎换骨般的蜕变。

（二）服务一老一小，打造适老宜幼的宜居社区

1.打造幸福养老服务圈。依托社区网格化管理，着力发挥"三长五员"

专班作用，有针对性地为老年人提供生活照料、助餐助行、紧急救援、精神慰藉等服务；医养结合，建立分级诊疗、双向转诊的有序应医体系；居家养老，建立嵌入式养老服务机构，在社区设置养老专区，内有养老食堂、老年活动室、助浴室、日间照料室、多功能大厅等房间，提供配餐、娱乐、康养等服务项目，满足老年人日常生活需求；注重发挥老劳模余热，成立劳模工匠志愿服务队、社区舞蹈队、社区歌唱团、社区京剧团、社区模特队等社区团体，开设社区老年兴趣培养班，让社区老年人，老有所学、老有所乐。

2.打造幸福聪慧学堂圈。围绕家长上班与孩子托管两难的问题，牡丹社区引进社会组织"四点半课堂"公益微创投项目，以"劳模工匠精神"为精神载体，为辖区特困家庭、双职工家庭及特殊家庭中的儿童提供免费课业辅导、特色兴趣培养课堂，为辖区青少年搭建了既可交流又可学习的互助平台，建立一支关爱青少年、具有奉献精神的劳模工匠志愿者队伍。

（三）挖掘社区文化，营造传承氛围

1.打造幸福劳模工匠文化圈。着力打造"牡丹社区劳模工匠精神文化园"，坚持树立先进典型，以"大国重器"为主题，以"两轴+两园"为改造思路，唤醒沈飞工匠精神记忆，打造品质养老社区。开展劳模工匠"骨干倍增计划"，通过劳模"一带一、一带N"，带领党员、居民发挥其余热，尽其所能带动更多人传承劳模工匠精神。

2.打造幸福书香润物圈。社区党委积极建设"书香社会"，利用社区闲置空地建设面积为800平方米的城市书房——梧桐书屋，为百姓提供崭新的知识共享、信息交流、互动阅读的人文空间，提升了社区的品位和文化氛围。书房不定期开展读书分享、亲子阅读、手工制作等系列活动，邀请辖区老劳模、老工匠以自身的经历定期讲授沈飞历史沿革、传承沈飞精神、

论坛三台子故里等，传承红色基因，丰富居民的精神文化生活，营造多读书、读好书、好读书的良好社会氛围。

三 案例启示

一是"体检先行"。社区建设能不能经得起历史和群众的检验，衡量的最终标准就是居民满意不满意，社区体检则是找准居民不满意问题的有效方法。牡丹社区按照分级定量和总体定性原则，采取"望、闻、问、切"、自检、专业技术团队核查、居民满意度调查等方式开展社区专项体检，梳理短板问题，根据居民意愿量身定制"需求清单"，再经专业设计单位与"人民设计师"共同设计，最终形成最优改造方案。

二是"量身打造"。因地制宜是社区补短板的基本原则，社区建设不能"一刀切"、片面追求"大而全"。牡丹社区正是找准社区需求的重点，科学合理地制定符合实际的建设标准，因地制宜地探索存量资源利用方式、资金筹措方式、运营管理模式、智能化服务等。照顾社区"一老"的健康，解决家庭"一小"的看护，用心破解百姓的急难愁盼。

三是"多元参与"。整合社区各方力量是建立社区治理长效机制的有效途径。作为一项系统性工作，完整社区建设工作不仅要解决社区服务设施配置问题，更要解决社区空间建设与基层治理"两张皮"的问题。牡丹社区构建社区党委、网格党支部、楼院党小组、党员中心户四级组织体系，积极完善党建联席会议制度，按照"属地管理"原则，建立社区党组织与31家驻社区单位党组织协调联动机制，实行辖区机关、企事业单位党组织和党员"双重管理"，通过"多点服务"，将治理触角延伸到末梢。

案例点评

牡丹社区通过"三问于民",梳理短板问题,根据居民意愿进行精准化改造,使老旧小区旧貌换新颜。在这一过程中加强社区基层党组织建设,创新基层治理体制机制,推动更多资源向社区整合倾斜,并打造了"适老宜幼"的社区服务模式和服务品牌,形成了常态化服务管理机制。与此同时,牡丹社区发掘自身传统优势,凝聚"劳模工匠精神",让党员群众在社区各显其能,在给老旧小区"供血"的同时新增"造血"功能,充分激活单位社区在新时代的治理效能。

创新践行"136"工作机制　铸牢中华民族共同体意识

29　广西壮族自治区南宁市良庆区蟠龙社区党群服务中心

曾获得"广西民族团结进步示范区示范单位"等荣誉称号的蟠龙社区成立于2017年6月，是极具代表性的多民族聚居混合型社区，地处中国（广西）自由贸易试验区南宁片区核心区，辖区内包括写字楼、商业广场和住宅小区等，面积5.8平方千米，社区常住人口约2.7万人，其中有壮族、瑶族、仫佬族等少数民族8300多人。在多年的社区工作实践中，蟠龙社区党群服务中心总结形成了"136"工作机制，主要内容是把铸牢中华民族共同体意识作为社区各项工作的主线，加强党的领导、织牢精神纽带、用好治理平台，积极创造各民族共居共学、共建共享、共事共乐的"六共"社会条件，营造"民族团结一家亲"的浓厚氛围，不断提升城市社区治理体系和治理能力现代化水平。2023年12月14日，习近平总书记到蟠龙社区党群服务中心视察，详细了解社区各民族居民的构成、活动开展和常态化开展民族团结工作等情况，充分肯定了社区结合地域特质首创的"136"工作机制。

习近平总书记强调："建设多民族群众互嵌式社区是促进各族群众交往交流交融的重要途径，广西建设铸牢中华民族共同体意识示范区，要从基层社区抓起，通过扎实的社区建设、有效的社区服务、丰富的社区活动，营造各族人民一家亲的浓厚氛围，把民族团结搞得更好。"

一 基本做法

蟠龙社区牢记习近平总书记嘱托，持续深入学习贯彻习近平总书记关于加强和改进民族工作的重要思想和中央民族工作会议精神，以铸牢中华民族共同体意识为主线，围绕构建"民族互嵌式"社会结构和社会环境，不断促进各族群众广泛交往、全面交流、深度交融。

（一）坚持党建引领，厚植民族团结思想

蟠龙社区党委深入学习贯彻习近平总书记关于加强和改进民族工作的重要思想，把民族团结进步创建工作融入社区大党建工作中，将其列入重要议事日程，并纳入社区党员干部考核考评体系及党员干部理论学习培训重点内容。定期组织社区党员及居民代表开展以"铸牢中华民族共同体意识"为主题的党课学习及党日活动，广泛宣传党的民族政策、民族理论、法律法规及民族传统文化等基本知识，厚植"民族团结一家亲"的思想根基，让党和广大群众从学习中汲取继续奋进的智慧和力量，做到融汇融合、互相促进，共画民族团结"同心圆"。

蟠龙社区党委大力培育和践行社会主义核心价值观，促进各族群众像石榴籽一样紧紧抱在一起，主动担当铸牢中华民族共同体意识的自觉传播者和主动实践者。面对辖区小区多、两新组织（新经济组织及新社会组织）多、流动党员多等实际情况，社区按照"区域统筹、条块结合"的思路，指导符合条件的4个小区和75家非公企业组建党组织，并在社区治理中充分发挥基层党组织的引领作用，最大程度地激活社会组织、社会工作者、小区居民，尤其是少数民族居民等多方治理主体广泛参与社区治理，激发各族居民的社区主人翁意识，增强对社区和社会的存在感、融入感与

价值感。

（二）提供精准服务，共建多民族互嵌式社区

社区着力构建互嵌式社会结构和社区环境，高度关注辖区各族群尤其是"一老一小"的服务。聚焦"社会管理网格化、网格管理精细化"的治理目标，将社区划分为13个基础网格、30个单元网格和192个专属网格，配备专职与兼职网格员，以激活城市社区治理的"神经末梢"，致力于打造满足各族群众全龄、全时、全民服务需求的社区党建综合体，为各族群众提供医疗卫生、社会保险等"敞开式""零距离"便民服务。

1.坚持需求导向，采取"五送五到位"措施。送政策上门，民族政策宣传到位；送服务上门，文体活动开展到位；送关怀上门，社情民意收集到位；送帮扶上门，问题诉求解决到位；送法律上门，矛盾纠纷调解到位，提升服务水平。将"主动上门"服务理念和社区主阵地作用相融合，实现线上网格化服务，组建了专属小区"友邻帮帮群"微信群，每个群配备2至3名网格长、网格员，为各族群众提供劳动就业、子女上学、矛盾调解等全方位服务，网格长随时掌握网格内的动态信息，及时解决群众急难愁盼问题，切实让各族群众进得来、留得住。

2.坚持问题导向，满足群众多样化需求。在凝聚人心和改善民生、解决群众急难愁盼问题中推进"五个认同"和互嵌式社区建设，设立各族人口流动服务窗口，以政策咨询、法律服务、志愿服务、就业服务、便民服务、企业联谊为六项基本内容，根据群众"点单"提供"一对一"贴心服务。通过线上线下收集"诉求清单"并及时反馈，相关单位、部门主动"认领清单"，研究解决方案，调集各方力量资源，竭尽全力服务辖区群众。

3.注重资源整合，打造社区治理共同体。整合辖区企业单位优势，每月第二周定期开展"蟠暖邻里"公益集市活动，为居民提供按摩理疗、手

机贴膜等公益服务，满足群众多样化需求。与辖区11家律所共建，定期开展"轮值精英"（律师）进站点活动，为辖区企业、居民提供"调解指导、普法宣传、倾听民意、民主监督"一站式服务，不断提升民族事务治理体系和治理能力现代化水平。

（三）活用治理平台，共架民族团结"连心桥"

1.以社区文明建设活动为依托，营造多民族和谐共处的社区氛围。社区发动各族群众积极参加"文明楼栋""身边的好人"等文明创建与评议活动，使大家成为新风尚的传播者和实践者，形成讲文明、除陋习、树新风的良好氛围。不断完善居民自治、民主议事决策制度，通过"四议两公开"推进居民自治制度化、规范化和程序化，将铸牢中华民族共同体意识纳入居民公约，引导各族群众尊重各民族的风俗习惯，破除陈规陋习，推动全社会、各行业维护民族团结、促进共同进步。

2.以法治宣传教育平台为载体，依法保障各民族合法权益。以民族团结进步宣传月为契机开展"石榴花开　籽籽同心"民族政策及法制宣传教育"三进"（进企业单位、进小区、进校园）系列活动，教育引导各族群众运用法治思维和法治方法化解矛盾纠纷，促进各族群众团结和谐，营造良好的法治环境。

3.着眼民族特色，深化法治促融合。以蟠龙片区人大代表联络站（基层立法联系点）为重要平台和前沿阵地，立足社区多民族聚居特点，服务站工作以铸牢中华民族共同体意识为主线，把本土风俗、民族文化与法治文化相融合，极大地提高了矛盾纠纷预防化解法治化水平。

（四）织牢精神纽带，促进民族文化融合

扎实推进民族团结进步示范社区建设，不断促进各族群众广泛交往、全面交流、深度交融，将中华优秀传统文化全方位融入民族团结进步创建

工作，营造"蟠暖邻里一家亲"的社区氛围。

1.依托特色品牌，以"童心"筑"同心"。常态化开展国家发展、体现民族团结、反映社会进步为主要内容的"蟠点周末家庭日""蟠点时光民族公益课堂"等特色活动，邀请非遗传承人到社区开展"民族知识大家学""民族乐曲大家唱""民族歌舞大家跳"等活动，增强社区各族群众对中华文化的认同感，在体验文化多样性中进一步促进中华文化繁荣与发展。

2.用好传统节日，以"民俗"聚"团结"。利用"壮族三月三"、端午节、中秋节等民俗节庆时点，开展"五彩三月三·和谐邻里情""民族团结情·桂韵民族颂党恩"等群众喜闻乐见的活动，组织居民一起写对联、包粽子、跳竹竿舞，各族群众同唱一首歌、同跳一支舞、同吃一桌饭，在交往、交流、交融中不断铸牢中华民族共同体意识。

3.加强民族交流，以"文化"促"认同"。邀请非遗（香火龙、嘹啰山歌等）传承人开展民族知识大家学、民族乐曲大家唱、民族歌舞大家跳等活动，加强民族文化互动交流，进一步促进中华文化繁荣和认同。

二 成效经验

为做好民族团结工作，蟠龙社区谨记习近平总书记指示，创新"136"工作机制，坚持以铸牢中华民族共同体意识为主线，将社区作为各民族交往交流交融的主阵地，通过扎实的社区建设、有效的社区服务、丰富的社区活动，营造各族人民一家亲的浓厚氛围，创造各族群众共居共学、共建共享、共事共乐的社会条件，持续深化民族团结进步创建工作。

一是蟠龙社区党委打造的各族群众共同生活学习空间，用群众易于理解、便于接受、能够体验的方式，深入宣传习近平总书记关于加强和改进民族工作的重要思想，贯彻党的民族理论和民族政策，成为做好新形势下的民族工作的重要载体。

二是蟠龙社区党委注重利用春节、中秋节、"三月三"等节庆时点开展群众性文化体育、交流联谊活动，让各族群众同唱一首歌、同跳一曲舞、同过一个节日，打造各民族共享的中华文化符号和形象，切实推动各族居民交往交流交融。

三是蟠龙社区党委通过建立"友邻帮帮群"等工作队伍，为各族居民提供了国家通用语言文字培训等具有针对性、精准化的公共服务，有助于尊重各民族风俗习惯，增强认同感和归属感。每年广泛开展交朋友、结对子、手拉手等交流活动，引导各族群众做和睦邻居、交知心朋友、结美满姻缘。

四是蟠龙社区党委通过开展民族团结进步好家庭、好邻里、优秀志愿者等先进典型评选活动，让身边人身边事引领带动更多居民崇德向善、睦邻友爱，并积极倡导党员干部与少数民族居民交朋友、开展"1+1"结对帮扶，切实推动了办实事办好事常态化开展，解决各族居民急难愁盼问题。

如今，蟠龙社区"高效的治理能力、有效的治理成果、和谐的社区氛围"已然形成，各族群众长期生活在一起，逐渐做到语言互通、饮食互通、歌舞互融，促进了民族团结。社区先后获得南宁市民族团结进步创建活动示范单位、先进基层党组织、文明单位等荣誉称号。

三 案例启示

进一步深化民族团结进步创建工作，需不断深入学习贯彻习近平总书记关于加强和改进民族工作的重要思想，宣传党的理论方针和民族政策，强化各族居民对铸牢中华民族共同体意识的深度认知、情感共振、归属认同，既做看得见、摸得着的工作，也做"润物细无声"的事情，不断促进各民族交往交流交融，共创中华民族一家亲的美好未来。

（一）坚持党的领导，高位推动，创建工作执行有力

将党的领导贯穿于民族工作的全过程，贯穿民族团结进步事业的各环节，全面形成"党委统一领导、政府依法管理、统战部门牵头协调、民族工作部门履职尽责、各部门通力合作、全社会共同参与"的新时代党的民族工作格局。特别是要做好党建引领的基层工作，让社区成为新时代民族工作的重要载体。

（二）坚持互嵌融合，创建形式推陈出新

紧抓开发建设吸引各类企业、人才，以城市社区为重点，突出"融"的实效，在构建多民族群众互嵌式社区中走在前、作表率。抓宣传教育，以"互联网+铸牢中华民族共同体意识"的方式，建立健全铸牢中华民族共同体意识全覆盖、常态化机制，广泛宣传中华民族共同体理念和"四个与共""五个认同"，构筑中华民族共有精神家园。抓文化认同，以民族团结为主题的民俗文化活动促进人心相通、文化相融。抓共建共治，不断建立健全"党建赋能+社区治理+民族团结"基层治理机制，强化社区"民族团结+志愿服务"优质服务。

（三）坚持共同发展，创建成果有感有效

聚焦共同团结奋斗、共同繁荣发展，引领各族群众同学技术、同提技能、同兴产业、同促就业，促进各民族共同参与建设、共享发展成果，同心共筑中国梦。

案例点评

党的十八大以来，习近平总书记多次就做好新时代党的民族工作作出重要指示，鲜明提出把铸牢中华民族共同体意识作为新时代党的民族工作的主线、作为民族地区各项工作的主线，进一步拓展中国特色解决民族问题的正确道路，形成了党关于加强和改进民族工作的重要思想。民族团结进步事业的发展，既需要党和国家从宏观层面把关定向、着力推进，更需要加强基层民族工作机构建设和民族工作力量，确保基层民族工作有效运转。社区是社会运转的细胞，是扎实推进民族工作的基础单元。广西壮族自治区南宁市良庆区的蟠龙社区是我国具有代表性的多民族聚居社区，其围绕基层民族工作这一主题所创立的系列创新性工作机制对于我国诸多"民族互嵌型社区"而言极具示范意义。首先，蟠龙社区抓住了一条红线，即将党对民族工作的引领贯穿于社区工作的方方面面，确保了社区工作有方向、有力量。其次，以社区多元化服务为切入点搞好多民族，精准回应不同民族居民最真实、最迫切的需求。最后，社区将多民族的特有文化融入社区治理格局，发挥文化的认同、激励、整合作用，成为社区建设的重要精神支撑。总之，多民族聚居的社区要将多民族性作为社区发展的特殊资源禀赋，赋能社区治理现代化，此过程也是涵养中华民族瑰丽多彩民族文化，塑造中华民族共同体的重要实践。

后 记

2020年7月23日，习近平总书记在吉林长春社区干部学院考察时指出："这样的培训方式是对路的，就是要坚持'干而论道'，从实践中来、到实践中去。"围绕"干而论道"，习近平总书记曾多次作出重要指示，如"道不可坐论，理不能空谈"[1]，"要做起而行之的行动者、不做坐而论道的清谈客，当攻坚克难的奋斗者、不当怕见风雨的泥菩萨，在摸爬滚打中增长才干，在层层历练中积累经验"[2]，"要总结推广实践中形成的好经验好做法，不断提高教育培训的先进性和系统性"[3]，等等。习近平总书记关于"干而论道"的重要讲话重要指示精神，不仅为党政领导干部加强履职能力培训指明了方向，也为新时代社区治理提供了实践指南。

中共吉林省委组织部、中共吉林省委党校（吉林省行政学院）和吉林长春社区干部学院按照《全国干部教育培训规划（2023—2027年）》总体部署，全面落实中央党校（国家行政学院）关于有组织、有计划、有步骤地开展基本培训的具体要求，以加快构建具有吉林特色教育培训统筹运行模式为重点内容，以充实培训教学大纲、研发培训教材为重点任务，以重塑教学资源、强化"干而论道"保障为重点遵循，进一步统筹"干而论道"工作，搭建"干而论道"平台，建强"干

---

[1] 《习近平为第六批全国干部学习培训教材作序》，《人民日报》2024年3月1日。
[2] 习近平：《论党的宣传思想工作》，中央文献出版社2020年版，第363页。
[3] 《习近平在吉林考察：坚持新发展理念深入实施东北振兴战略加快推动新时代吉林全面振兴全方位振兴》，中国政府网，https://www.gov.cn/xinwen/2020-07/24/content_5529791.htm。

而论道"阵地,确保"干而论道"实效。

本书着眼于基本培训、立足于"干而论道",以社区治理实践为切入点和落脚点,集中了吉林大学、北华大学、中共吉林省委党校(吉林省行政学院)、吉林长春社区干部学院的部分专家学者组成课题组开展集体攻关。我们沿着党的十八大以来习近平总书记视察社区的足迹,将2012年至2023年习近平总书记视察过的创新治理的29个社区作为研究对象,把全国各地具有创新特色的社区治理模式和经验,与习近平总书记视察社区时发表的重要讲话精神、作出的重要指示精神紧密地结合起来,力图从案例背景、基本做法、成效经验、案例启示、案例点评五个方面着手,全方位多角度地揭示新时代基层治理的实践密码。

本书编写工作由闫西安、周勉征主持,由都业明、常茳负责主题拟定、调研设计和多轮审稿把关。书稿编写过程中,校外专家积极发挥智库作用,吉林大学李珮瑶编写第1、2、3、8、28案例,北华大学刘清玉编写第5、9、18、26案例,吉林大学张帆编写第11、14、24、29案例。中共吉林省委党校(吉林省行政学院)教师倾注精力参与撰写,王惠编写第12、13、15、17案例,王慧姝编写第6、10、19、25案例,徐春丽编写第7、21、22案例,张欣编写第20、23、27案例,都业明编写第4、16案例。

希望这部案例教材的出版,能与《干而论道的理论与实践》《干而论道进行时——中国式现代化吉林实践》《实干兴吉——创新发展行思集》共同奏响"干而论道"协奏曲,以文化人,以干育人,成知行合一之延展。同时希望此举能为加强党的领导和推动党组织向最基层延伸提供新引擎,为提高新时代社区治理创新理念开拓新思路,为推进基层社会治理体系和治理能力现代化建设增添新活力。

本书在编写的过程中,得到了社科界和国家行政学院出版社同志的

后　记

大力支持，在此特别感谢。受研究精力的限制，本书没有将29个典型社区的全部工作作为研究重心，而是选取了特定社区最为典型的经验做法加以深入探究。囿于编写组同志在自身学养、时间精力、调研广度深度和实践经验上的局限性，无法囊括社区治理多元复杂的样态，不足之处还请读者批评指正！

本书编委会